Petya Jeancler Vartigova

Le cinéma européen face à l'invasion du film hollywoodien

Petya Jeancler Vartigova

Le cinéma européen face à l'invasion du film hollywoodien

L'impact du septième art

Presses Académiques Francophones

Impressum / Mentions légales
Bibliografische Information der Deutschen Nationalbibliothek: Die Deutsche Nationalbibliothek verzeichnet diese Publikation in der Deutschen Nationalbibliografie; detaillierte bibliografische Daten sind im Internet über http://dnb.d-nb.de abrufbar.
Alle in diesem Buch genannten Marken und Produktnamen unterliegen warenzeichen-, marken- oder patentrechtlichem Schutz bzw. sind Warenzeichen oder eingetragene Warenzeichen der jeweiligen Inhaber. Die Wiedergabe von Marken, Produktnamen, Gebrauchsnamen, Handelsnamen, Warenbezeichnungen u.s.w. in diesem Werk berechtigt auch ohne besondere Kennzeichnung nicht zu der Annahme, dass solche Namen im Sinne der Warenzeichen- und Markenschutzgesetzgebung als frei zu betrachten wären und daher von jedermann benutzt werden dürften.

Information bibliographique publiée par la Deutsche Nationalbibliothek: La Deutsche Nationalbibliothek inscrit cette publication à la Deutsche Nationalbibliografie; des données bibliographiques détaillées sont disponibles sur internet à l'adresse http://dnb.d-nb.de.
Toutes marques et noms de produits mentionnés dans ce livre demeurent sous la protection des marques, des marques déposées et des brevets, et sont des marques ou des marques déposées de leurs détenteurs respectifs. L'utilisation des marques, noms de produits, noms communs, noms commerciaux, descriptions de produits, etc, même sans qu'ils soient mentionnés de façon particulière dans ce livre ne signifie en aucune façon que ces noms peuvent être utilisés sans restriction à l'égard de la législation pour la protection des marques et des marques déposées et pourraient donc être utilisés par quiconque.

Coverbild / Photo de couverture: www.ingimage.com

Verlag / Editeur:
Presses Académiques Francophones
ist ein Imprint der / est une marque déposée de
AV Akademikerverlag GmbH & Co. KG
Heinrich-Böcking-Str. 6-8, 66121 Saarbrücken, Deutschland / Allemagne
Email: info@presses-academiques.com

Herstellung: siehe letzte Seite /
Impression: voir la dernière page
ISBN: 978-3-8381-7288-0

Copyright / Droit d'auteur © 2012 AV Akademikerverlag GmbH & Co. KG
Alle Rechte vorbehalten. / Tous droits réservés. Saarbrücken 2012

Le Cinéma européen face à l'invasion du film hollywoodien

Mémoire de fin d'étude
de Petya Vartigova Jeancler
DEA Etudes Européennes
2002-2004
M. Jenaro TALENS
Institut Européen
Université de Genève

SOMMAIRE

Introduction..4

Approche méthodologique..6

   I. Le cinéma -un phénomène esthetiquo- psychique et historique......................................6

     A. Histoire du cinéma...8
        1. La naissance du cinéma..8
           a. Le cinéma et la science...9
           b. L'invention du cinéma...10
           c. L'apport français..11
           d. La naissance de Hollywood..12
           e. Le modèle classique hollywoodien...13
        2. La bataille à front renversé entre l'Europe et les Etats-Unis.......................................15
           a. La Résistance soviétique...18
           b. L'expressionnisme allemand 19
           c. L'impressionnisme français...19
           d. Le septième art pendant la période 1920-1960. 20
           e. La Nouvelle Vague..22
           f. Le cinéma de la modernité européenne des années soixante dix..........................23

I. L'hégémonie du modèle hollywoodien. L'Union Européenne et l'industrie cinématographique. 25

     A. L'hégémonie cinématographique américaine..25
        1. Le cinéma aux Etats-Unis...27
        2. Les Raisons de l'invasion américaine..31
           a. Raisons politiques 31
           b. Raisons structurelles...32
           c. Raisons organisationnelles..33
           d. Raisons historiques...35
        3. Le Cinéma dans l'Union européenne..36
        4. Le cinéma français et britannique - deux visions opposées à la suprématie hollywoodienne.....38
           a. La résistance française. Les quotas et les taxes...40
           b. La politique libérale de l'industrie cinématographique britannique......................44
           c. Le cinéma italien..47
           d. Le cinéma en Allemagne..50
          50
           e. Le cinéma en Espagne 52
        5. Les raisons de la crise du cinéma européen...55
           a. La pluralité des cultures 55
           b. Le marché cinématographique segmenté et la multitude des langues...................57
           c. La rivalité de la télévision et de la vidéo..59

II. Perspectives pour les cinémas européens..59
        1. La reconnaissance de la pluralité des cultures européenne...59
        2. La concentration du pouvoir, de l'argent et du public. La fédération d'un réseau de petites firmes.
       60
        3. Les programmes européens d'aide au cinéma...61

CONCLUSION...64

BIBLIOGRAPHIE...66

ANNEXES *68*
   A / ANNEXE 1 .... **68**
   B / ANNEXE 2 .... **69**

Introduction

L'être humain vit simultanément dans deux univers distincts, celui de la nature et celui de la culture. D'un côté un univers dont la seule caractéristique est d'être réel et de l'autre un idéal qui est devenu réel. Le monde de la nature est celui du temps et de l'espace, il est fait de données objectives et absolument indépendantes de la volonté humaine, et l'homme n'y est qu'un élément parmi d'autres. Le monde de la culture est un monde qu'il a créé lui-même et dont il restera toujours le centre. L'artiste produit des idées, en faisant percevoir et sentir la réalité. Il appréhende la vie en animant un univers nouveau celui de l'art. L'homme devient démiurge, maître suprême de son oeuvre. Son but est de communiquer des émotions et du plaisir, de faire rêver la personne humaine et de susciter des réflexions sur son existence. Le monde de la culture est inséparable de celui de l'art. L'une de ses composantes est le cinéma. Parler de cinéma c'est aussi parler de théâtre, de littérature, de musique, de philosophie, de poésie etc...

Dans l'univers parfait de l'art, le cinéma occupe septième place. Pourquoi est-il numéroté septième art en 1911? Parce que le critique et théoricien italien Canudo considérait le cinéma comme « la synthèse des «arts de l'espace» (architecture, peinture et sculpture) et des "arts du temps" (musique et danse) » [1].

Le cinéma représente à la fois un spectacle original poétique, créé par le génie humain, un procédé technique qui concerne la reproduction et la diffusion des images et un lieu de négoce de la logique industrielle marchande. Le statut du cinéma est ambigu, reflétant une triple nature qui unit la sphère de la création à celle du commerce. Il est à la fois phénomène social et phénomène esthétique, un phénomène socioculturel. De cette ambiguïté de sa constitution -art nouveau, procédé technique, industrie autonome en même temps-, le cinéma a conservé des séquelles de fragilité. Il n'y a pas d'autre industrie dont la fin a été si souvent annoncée.

---

[1] CANUDO Ricciotto, «Le manifeste des 7 arts», Paris, 1911, p.2

Il est le premier art à être né à l'époque de l'essor industriel. L'originalité même du cinéma et en même temps sa faiblesse, consiste dans ce mode de penser à la fois de l'art et de l'industrie. En principe l'art exclut l'industrie et vice versa. Cependant dans le domaine cinématographique art et industrie sont conjugués dans une communication étonnante qui est antagoniste et concurrente, mais en même temps complémentaire. Le cinéma éprouve un besoin de création pour se renouveler et attirer du public. Il représente un véhicule de valeurs esthétiques et culturelles, mais en même temps il est une industrie comme une autre nécessitant de gros investissements. Les deux registres sont parfaitement liés : succès artistique et succès commercial vont de pair, valeurs artistiques et valeurs économiques sont unies de concert.

Donc le cinéma vit sur le paradoxe que la production industrielle, culturelle a besoin à la fois d'exclure la création, mais aussi de l'inclure parce qu'elle est invention, innovation, singularité et toute oeuvre se caractérise par un minimum de singularité.

Le cinéma est relativement autonome dans son imaginaire, mais en même temps, il émane le fort intérieur de la société dans laquelle le film est produit. La force suggestive, émotionnelle et morale du cinéma est exceptionnelle. Comment définir le cinéma européen? Au cours de cet ouvrage on essaiera de présenter la magie du cinéma en tant que phénomène esthétique, psychologique, social, politique, historique et culturel. Afin d'élucider la problématique de l'invasion du cinéma hollywoodien et les enjeux de son hégémonie, on localisera et expliquera, les moteurs, les forces principales du développement du cinéma européen, son histoire, sa place dans la culture européenne, son identité en crise, ses avantages et ses faiblesses par rapport au cinéma hollywoodien.

L'industrie cinématographique est le reflet de l'identité culturelle de chaque nation, elle est considérée comme un secteur important et stratégique pour la culture d'un pays. Quel que soit le pays, le débat sur le septième art glisse aisément de la question de l'intégrité culturelle à celle de l'identité nationale. Le dialogue[2] incessant entre les différentes cultures stimule la création, le progrès technique et pas en dernière place le commerce. Cet échange interculturel est bénéfique quand il ne menace pas l'identité

---

[2] Morin Edgar, Penser l'Europe, Paris, Gallimard, 1987

culturelle d'une nation. Cependant les Etats-Unis possèdent depuis longtemps la première industrie mondiale de l'imaginaire qui façonne les aspirations, les rêves et les normes de consommation. A l'heure actuelle le domaine cinématographique en Europe est en crise, à l'exception de la France, le cinéma dans tous les autres pays européens est malade. Le cinéma américain se taille la part de lion sur tous les écrans du monde entier.

La culture est l'âme d'un pays. Ainsi le débat de l'exception culturelle est essentiel et inséparable de la politique culturelle, économique, juridique et sociale de l'Europe Unie. L'Union Européenne et ses programmes de promotion du cinéma européen, la réglementation du problème de la diversité culturelle dans le domaine du septième art occuperont notre vif intérêt.

Approche méthodologique

Pour analyser le sujet consacré au cinéma européen une approche descriptive de l'histoire du cinéma, de sa puissance morale et psychique sera mise en évidence. En même temps un amalgame d'approches typologique, comparative, diagnostique seront aussi utilisées pour essayer enfin de répondre aux questions: Où se cache la clé du succès hollywoodien? Le cinéma européen a-t-il un avenir? Quelles sont ses perspectives? Quel pronostic on pourra donner?

Afin de mieux comprendre la situation actuelle du septième art, on doit tout d'abord expliquer comment est né le cinéma. Quelles étaient les différentes forces motrices du film européen et les modèles qu'il a suivi dès sa naissance. Pourquoi Hollywood a imposé ses règles et ses modèles encore à l'aube de son apparition. L'histoire du cinéma est autant celle d'un art que celle d'une technique et d'une industrie.

I. Le cinéma -un phénomène esthetiquo-psychique et historique

Le cinéma est un émerveillement de doubles, de fantômes, un univers futuriste ou archaïque qui nous possède, nous envoûte, qui vit en nous. " Le cinéma est créateur d'une vie surréelle", déclare Apollinaire[3].C'est notre vie non vécue, nourrissant notre vie vécue de rêves, désirs, aspirations et normes. Le cinéma nous offre le reflet, pas seulement du monde, mais aussi de l'esprit humain. Il est une image d'image comme la peinture, mais comme la photo, c'est une image de l'image perspective et mieux que la photo c'est une image vivante. En tant que représentation vivante, il nous invite à réfléchir sur l'imaginaire de la réalité et la réalité de l'imaginaire. Dans cette riche panoplie d'émotions, d'analyses, de passions, d'exaltation, la magie du cinéma fait confondre le réel et l'imaginaire. Cette confusion s'exprime non seulement dans leur opposition et concurrence, mais aussi dans leur unité complexe et leur complémentarité.

Le jeu machine-conscience-imaginaire-réel est une des caractéristiques essentielles du cinéma. Ce jeu complexe crée un monde particulier propre au spectateur. Le cinéma n'est rien sans ses spectateurs. Il est l'image personnalisée des rêves et des désirs du spectateur. Le maître mot du "cinéma est rêve" (Michel Dard); " C'est un rêve artificiel" (Theo Varlet); "N'est-ce pas aussi un rêve que le cinéma?"(Paul Valery); "Il semble que les images mouvantes aient été spécialement inventées pour permettre de visualiser nos rêves" (Jean Tedesco).[4] Le cinéma est psychique. L'esprit du spectateur effectue un travail formidable de perception, réflexion, création de l'imaginaire, imprégné du réel. Penser visuellement est une activité humaine dont le produit est l'arrangement des images, de nouvelles formes porteuses de sens. Le caractère de l'individu, son expérience personnelle, son intelligence représentent des liaisons complexes fragmentaires d'association et d'information. Le processus d'entassement d'information est un processus de réflexion artistique. L'information s'empile grâce à l'image, à la composition, à l'éclairage, aux couleurs, au jeu des acteurs, au mouvement de la caméra et aux effets du montage cinématographique. La magie de l'art cinématographique consiste dans le fait d'évoquer un sentiment déjà éprouvé et de pouvoir le communiquer aux autres à travers le mouvement, les sons, les images et la musique. Pour Elie Faure le cinéma est "une musique qui nous atteint par

---
[3] Quesnoy : Le Cinéma (Cahier spécial), Paris, Le Rouge et le Noir éditeur, Juillet 1928, p103
[4] Ibidem

l'intermédiaire de l'oeil"[5]. Tous les sens humains sont atteints par ce spectacle magnifique que représente le cinéma.

Elie Faure écrit encore à propos du cinéma " Ce fut d'abord une science, rien qu'une science. Il a fallu l'imagination grandiose de l'homme" [6]Le cinéma provoque notre conscience à réagir, à établir des modèles de comportement, à répondre positivement ou négativement au message concret du film. Il exprime l'activité mentale pas seulement de la personne humaine, mais aussi l'état de santé de la société dans laquelle le film est produit, son actualité.

A. Histoire du cinéma

1. La naissance du cinéma

Le mot "Cinéma" apparaît en 1900 comme l'abréviation du mot "Cinématographe" (1892) qui provient du grec *"Kinêma"* (mouvement) et *"Graphein"* (écrire). « Procédé permettant d'enregistrer photographiquement et de projeter des vues animées, inventé par les Frères Lumière. »[7]

Max Von Sydow (réalisateur allemand) dit à propos du cinéma : "Donnez-moi une caméra et je posséderai l'homme et ses rêves". Cette citation exprime par excellence cette magie sublime qui décrit le mouvement éternel de la vie et qui émerveille et subjugue l'esprit humain. Les pionniers de la découverte du cinématographe sont nombreux.

Les prédécesseurs des frères Lumière, les génies de la « machine de rêve » sont connus encore dans l'Antiquité : la lanterne magique aurait été inventée en Egypte sous les Pharaons et en Italie à l'époque romaine. Léonard de Vinci (1452-1519), qui dessine une lanterne de projection, les montreurs de lanternes magiques les plus illustres -Robertson (1763-18370) et le père Kircher (1601-1682) demeurent des héritiers de la magie de " Wayang". Ce spectacle qui animait cinq mille ans auparavant ses jeux

---

[5] Faure Elie : Fonction du cinéma, Paris, Plon, 1953, p.38
[6] Ibidem
[7] www.webencyclo.fr

d'ombres sur les parois des cavernes de Java[8]. Cette odyssée de la naissance du cinéma nous amène aux sources, non seulement de l'art, mais aussi de la science physique, de la religion, en passant par la fantasmagorie et la magie. "L'invention du cinéma résulte d'une longue série de travaux scientifiques et du goût que l'homme marqua toujours pour les spectacles d'ombre et de lumière…"[9] Les travaux scientifiques, rappelle Martin Quigley, remontent jusqu'a l'Arabe Alhazan qui étudia l'oeil humain, Archimède qui usa systématiquement de lentilles et de miroirs, Aristote qui fonda une théorie de l'optique.[10]

a. Le cinéma et la science

Après tant de tentatives, réussites et échecs scientifiques, l'invention du cinématographe résulte d'une coïncidence historique. Le phénomène anciennement connu de la persistance rétinienne- qui - permet de faire défiler sous nos yeux 24 images par seconde en donnant l'illusion du mouvement parce que les images qui se peignent sur notre rétine ne s'effacent pas instantanément, a attendu des siècles pour attirer l'attention des chercheurs. Ils ne se sont penches sur la synthèse du mouvement qu'au moment où parallèlement, la chimie de son cote, indépendamment de l'optique, effectuait des recherches sur la fixation automatique de l'image. Le cinématographe est héritier de la photographie et en même temps la transforme.

> 1816 : Josef-Nicéphore Nièpce obtient la première photographie (négative) . 1829 : Joseph Antoine Ferdinand Plateau (de Liège) soutient une thèse sur la "persistance rétinienne". En 1832, il mettra au point le Phenakistiscope, permettant la synthèse d'un mouvement suggéré par 10 à 24 dessins. 1850 : Frederick Scott Archer met au point la sensibilisation au Collodion humide. 1877 : Emile Reynaud met au point le Praxinoscope, qui permet l'animation d'une succession de dessins. 1887 : Hannibale Goodwin (USA) met au point le nitrate de cellulose, qui sera le support des premiers films cinématographiques. 1888 : Marey présente le chronophotographe sur bande mobile. C'est la première caméra.

---
[8] Lapierre Marcel : Anthologie du cinéma, Paris, La novelle Edition, 1946, p.13
[9] Ibidem
[10] Quigley Martin Jr. : Magic Shadows, The Story of the Origins of the Motion Pictures, Washington D.C., Georgestown University Press, 1946

Mais, le film, en l'absence de perforations, donne une image trop instable. 1889 : Thomas Alwa Edison (USA) mnvente le film cinématographique (avec perforations) . 1891 : Edison présente le Kinestoscope, qui ne permet pas une projection publique du film. 1892 : Reynaud présente son Théatre optique. Premières Pantomimes lumineuses, projections de dessins animés, au musée Grévin. 1894 : Premiers films tournés, à la demande d'Edison, dans le premier studio cinématographique : la Black Maria. 1895 : Les frères Lumière mettent au point le Cinématographe, qui permet une projection publique du film. [11]

b. L'invention du cinéma

Bien qu'il soit difficile de donner une date précise de l'invention du cinéma, Sadoul (1949) note dans son livre Histoire du cinéma mondial, qu'aucune des représentations qui se multiplièrent durant l'annee1895 ne fut accueillie avec le succès des frères Lumière lors de la projection payante du 28 décembre au Salon Indien du Grand Café à Paris[12]. Pourquoi ce succès énorme des frères Lumières?

Déjà Edison avait tourné en 1893 les premiers films de quelques secondes par sa Société Edison aux Etats-Unis. Lumière, au contraire d'Edison dont les premiers films montraient des scènes de music-hall ou des combats de boxe, eut l'intuition géniale de filmer et projeter la vie prosaïque, le quotidien. Il avait compris que la curiosité des gens s'adressait aux choses connues, reflétant la réalité. Les spectateurs s'émerveillaient de revoir ce qui ne les émerveillaient pas: leurs maisons, un train entrant en gare, leurs visages. Ils voulaient en fait voir l'image du réel.

Il est impossible de localiser la paternité du cinématographe sur un nom, un homme ou un pays: en Angleterre, en France, en Italie, aux Etats-Unis, en Russie, en Allemagne, en Suède, au Danemark, partout où l'on produit des films, jaillissent à peu près les mêmes découvertes scientifiques.

> Une invention ne naît jamais seule. On la voit sourdre simultanément, en diverses parties du globe, comme si ses

---

[11] Devrier Jerome: L'Invention du cinema, T h e à c t o r S t u d i o . c o m Version 1.0, Site réalisé par Skycha.com Webdesign
[12] Sadoul Georges: Histoire du cinema mondial, Paris, Flammarion, 1976, 9e ed., p. 727

inventeurs n'étaient que les mediums disperses d'un même génie souterrain. Edison aux Etats-Unis, William Friese-Greene en Angleterre, le docteur Anschutz et Skladanovsky en Allemagne, d'autres chercheurs en Russie, Demeny, Grimoin-Sanson en France, travaillent en même temps à l'appareil que Lumière le premier saura mettre au point.[13]

c. L'apport français

Par conséquent dès son apparition et par sa nature même, le cinématographe etait essentiellement spectacle: il projetait des prises de vue aux spectateurs et impliquait par la théâtralité qu'il devait par la suite développer avec la mise en scène. Il est certain que si le cinéma est une invention internationale, c'est en France le plus grand nombre de trouvailles à caractère cinématographique" (129 brevets pour l'année 1896 contre 50 en Angleterre)"[14].

Un nom français permet de cristalliser toute la métamorphose du cinématographe en vrai cinéma. Méliès a inventé la mise en scène de cinéma. En 1897 : Georges Méliès («le magicien de l'image») tourne ses premiers films à scénario. De cette manière il engage le cinéma dans la " voie théâtrale spectaculaire"[15]. Le truquage et le fantastique sont les deux faces de la révolution qu'opère Méliès. Avec Méliès apparaissent pour la première fois les doubles, les fantômes et la fantasmagorie.

C'est encore en France qu'est lancée l'organisation industrielle de la production et de la diffusion de films, avec Charles Pathé, créateur de la société Pathé frères; sa firme domine largement le marché mondial jusqu'à la guerre de 1914, y compris sur le territoire américain grâce à sa succursale Pathé Exchange. Léon Gaumont crée sa propre firme en 1895, qui joue un rôle majeur dans les années 1910-1920. Le premier réalisateur important de la maison Gaumont, Louis Feuillade, lance le «serial» (film policier à épisodes) avec Fantômas (1913-1914), puis les Vampires (1915) et Judex (1917).

---

[13]Friedmann Georges et Morin Edgar : Sociologie du Cinema, Paris, Revue Internationale de filmologie, Tome III, n: 10, avril-juin 1952, p.95
[14] Ibidem
[15] Ibidem

d. La naissance de Hollywood

Hollywood, la Mecque du Cinéma fondée en 1887, annexée à Los Angeles en 1910 (1911 : 4.000 hab. - 1980 : 200.000 hab.) a produit 30 000 films depuis 1911. Dès 1918, le "star system" est tout puissant, Hollywood attire les grands cinéastes étrangers qui y tournent de nombreux films (ex. E. Von Stroheim, J. Von Sternberg). [16]

De 1914 à 1930, le cinéma burlesque, inventé par Mack Sennet connaît son âge d'or. Charlie Chaplin, Buster Keaton, Laurel et Hardy, plaquent des gâteaux à la crème contre les visages de leurs partenaires et triomphent sur les écrans du monde entier. La comédie burlesque connaît son apogée en faisant une critique sociale à la société américaine.

Les frères Warner, au bord de la faillite, créent une nouvelle invention technique qui va bouleverser le cinéma : le Vitaphone ou bien le film parlant. De cette manière le premier film sonore Le Chanteur de jazz (1927, Alan Crossland), déclenche l'enthousiasme du public. La naissance du parlant consacre le cinéma de divertissement. Les comédies d'Ernst Lubitsch, les **comédies musicales** de Busby Berkeley gagnent l'admiration du public. La production remonte à …800 films par an. [17] Mais la médaille a son revers, le parlant brise la carrière de nombreux acteurs comme John Gilbert, **Buster Keaton** ou de certains metteurs en scène qui ne peuvent s'y adapter comme Griffith par exemple.

En 1929 pour renforcer la compétition filmique, le prix le plus prestigieux même de nos jours est créé:

Academy Awards are nicknamed "**Oscars**", which is also the nickname of the statuette (the name is said to have been born when Academy librarian Margaret Herrick saw the statuette on a table and said: "It looks just like my uncle Oscar!"). The awards were first given at a banquet in the Blossom Room of the Hollywood Roosevelt Hotel on May 16 1929 but there was little suspense since the winners of the awards had already been announced three months earlier on February 18 To qualify, a film had to open in

---

[16] Fuzellier Etienne : Dictionnaire des oeuvres et des thèmes du cinéma mondial, Paris, 1999

[17] Source : American Film Institut

Los Angeles during the twelve months ending on July 31 awards were based on a 17-month qualifying period.[18]

Depuis ce moment, les productions filmiques aspirent à cette récompense la plus fascinante. En 1934, un oscar récompense la comédie américaine de Frank Capra -New York-Miami. La même année, la couleur fait son apparition en 1934, par procédé Technicolor.

En 1937, apparaît le premier long métrage d'animation "Blanche Neige et les 7 nains". En 1941 : Orson Welles révolutionne la technique du 7ème Art dans "Citizen Kane"en mélangeant tous les styles et toutes les techniques cinématographiques. La deuxième guerre mondiale consolide la position privilégiée du cinéma hollywoodien dans le monde. Hollywood marche à pleine vitesse, elle fait des films spectaculaires avec catastrophes (San Francisco, 1936, de W. S. Van Dyke ; Suez, 1938, de Allan Dwab) et emploie de jeunes comédiens prodiges : Shirley Temple, Mickey Rooney, Judy Garland.

La grosse machine industrielle cinématographique exerce un contrôle sur la production, la distribution et souvent l'exploitation et signe les contrats des grands réalisateurs. L'apogée du succès hollywoodien est marqué en 1939 par le film de Victor Fleming Autant en emporte le vent avec les stars incontestables Clark Gable et Vivien Leigh. Le star système est en pleine floraison.

e. Le modèle classique hollywoodien

Si le cinéma européen, français, italien ou scandinave, est hégémonique jusqu'en 1914, c'est son concurrent américain qui, après la guerre, doit répondre à la demande mondiale de films. À cette fin, de grandes compagnies se créent à Hollywood pour industrialiser la production jusqu'alors artisanale des pionniers du 7ᵉ art.

Les auteurs David Bordwell, Janet Staiger et Kristin Thompson constatent que la pratique de Hollywood en tant que style et mode de production s'est imposée comme norme et modèle au monde entier, des années dix aux années soixante du vingtième siècle. Le mérite d'avoir élaboré la forme de récit cinématographique, qui servira de

---

[18] www.encyclopedia.thefreedictionary.com

modèle classique hollywoodien, est souvent attribué à D. W. Griffith. En 1919, il crée le premier film fait à Hollywood "In old California". Il codifie le langage cinématographique : découpage, montage, plans variés, dans deux films légendaires "Naissance d'une nation" (1914) et "Intolérance" (1916). [19]

Les films, tout comme les romans, les oeuvres picturales ou musicales, s'inscrivent dans des courants, des tendances, voire des "écoles " esthétiques. Il peut être intéressant pour mieux comprendre la suprématie du film hollywoodien, même si l'entreprise présente quelque chose de réducteur et un peu utopique, de définir quelques-unes des tendances marquantes de l'histoire des formes cinématographiques.

Le rôle de Griffith a été incontestablement important, on lui doit, par exemple, la technique de l'*insert*, le gros plan de détail qui, dans la dynamique d'une scène, donne une information importante au spectateur tout en soulignant son impact dramatique (plan d'une arme par exemple) ou bien le montage *alterné* qui permet de montrer en alternance deux (ou plus de deux) événements se déroulant simultanément et beaucoup d'autres techniques. Cependant on ne peut séparer Griffith de tout un contexte, et notamment de la mise en place d'un mode de production rationalise des films dans les grands studios hollywoodiens. La division du travail, la distribution des taches confiées à des départements spécialisés (recherche d'idées, écriture de scénarios et d'adaptations, élaboration des découpages, tournage, etc.), tout cela nécessite des règles ou du moins de principes structurant l'élaboration du produit-film, et ce d'autant plus que le budget investi dans la production est important.

La narration filmique classique porte sans conteste la marque des grands romans du XIXe siecle. On peut en voir un indice flagrant dans la mobilite, la souplesse de plus en plus grande du point de vue, la camera ne se contente plus d'enregistrer la scène de l'extérieur, elle peut occuper la place de l'un ou de l'autre protagoniste et faire alterner les points de vue des personnages. Les techniques cinématographiques mises en oeuvre dans le récit classique sont subordonnées à la clarté, à l'homogénéité, à la linéarité, à la

---

[19] Le Cinéma, Art et Industrie Paris : R. Laffont ; Lausanne : Grammont, 1975 Paris : Hachette, 1976

cohérence du récit. On a proposé le thème de "transparence" pour designer la qualité spécifique de ce type de films où l'histoire se raconte toute seule.

2. La bataille à front renversé entre l'Europe et les Etats-Unis

Le modèle industriel du cinéma tant reproché en Europe d'aujourd'hui aux grandes compagnies hollywoodiennes, a été d'abord imposé par la France et les autres pays européens. Par conséquent, le développement du cinéma s'est produit en permanence par des emprunts et des interdépendances très marquées entre les industries nationales européennes et américaines. Depuis ses origines le cinéma représente donc une imbrication internationale des industries et mène une bataille pour le contrôle de cette force médiatique. Lorsque Lumière, puis Pathé, puis des firmes britanniques s'installèrent aux USA au début du siècle, les producteurs américains menèrent une lutte acharnée derrière Edison, pour défendre leur marché et pour regagner son contrôle total, ils utilisèrent des mesures protectionnistes, par la constitution de cartels, de trust et par des limitations des importations.

> La compagnie Universal, créée en 1912 par Carl Laemmle, est la doyenne des grands studios américains.
> La Paramount suit en 1914, fondée par Adolphe Zukor et Jesse Lasky. S'y s'épanouiront les talents de Cecil B. De Mille, Marlene Dietrich, Gary Cooper, Jerry Lewis, etc.
> La Twentieth Century Fox est, en 1935, l'aboutissement du travail mené depuis 1916 par William Fox. Darryl F. Zanuck, son directeur de production, fait confiance à des cinéastes prestigieux, John Ford, Elia Kazan ou Joseph Mankiewicz
> La Metro-Goldwyn-Mayer, la plus connue grâce au lion rugissant de son logo, est née en 1924. Elle sera le spécialiste des superproductions historiques. Des stars comme Greta Garbo, Clark Gable, Spencer Tracy y font carrière.
> La Warner Bros., fondée en 1923 par les frères Warner, inaugure en 1927 le cinéma parlant avec Le Chanteur de jazz.
> La Columbia, créée en 1924 et dirigée par Harry Cohn, permit à Frank Capra de diriger ses brillantes comédies. Les comédiens Rita

Hayworth et William Holden, les réalisateurs Howard Hawks et Sidney Pollack, y tournent leurs meilleurs films.

La RKO apparaît en dernier en 1928 et donnera leur chance au couple Fred Astaire-Ginger Rogers ainsi qu'à Orson Welles (Citizen Kane, 1941).

Il convient d'ajouter à ces " majors " la United Artists, fondé en 1919 par Mary Pickford, Charles Chaplin et Douglas Fairbanks, qui diffuse des films plus qu'elle n'en produit, ainsi que des indépendants farouches et puissants tels Walt Disney ou Samuel Goldwyn, et des studios comme Republic et Monogram, voués aux films à petit budget.[20]

Le développement historique de cinéma représente une bataille à front renversé. D'un côté, c'est la France qui a industrialisé le cinéma, dix ans avant la création des huit fameuses Majors américaines, Pathé a posé les fondations du système de studio intégré qui dominera l'industrie du cinéma pendant des décennies. Dès 1908, Pathé Frères est devenue la plus grande compagnie de production du monde, en créant de nombreuses succursales à l'étranger, dont vingt-deux agences aux Etats-Unis. Au début des années 1910, la maison Pathé représente à elle seule 50% du marché américain. Vincennes, le siège de la société, est la capitale mondiale du cinéma. En 1912-1913, le cinéma français occupe 85% des écrans du monde entier. [21]

La guerre de 1914 met fin à cet empire. La production est stoppée sur ordre de l'Etat, les studios réquisitionnés. L'usine de pellicules Pathé, à Vincennes, est transformée en usine de guerre. En 1917, les Etats-Unis ont détrôné la France sur le marché mondial D'un autre côté, ce sont les Américains qui dès la Première Guerre mondiale avec leur président Wilson, vont, les premiers, légitimer le statut culturel du cinéma et en faire un enjeu politique. Wilson avait perçu que l'économie et l'idéologie allaient main dans la main et que le cinéma représentait le support idéal d'un bien économique et d'un véhicule idéologique.[22] La situation radicalement inversée de celle qui se présente actuellement existera jusqu'à la Première guerre mondiale : les Européens attaquaient

---
[20] Ibidem
[21] Puttnam David, The undeclared war : the struggle for control of the word's Film Industry, Harper Collins, 1997, p.127
[22] Ibidem,

les Américains en arguant de l'ouverture de leur propre marché pour s'opposer aux barrières réglementaires et douanières que leur opposaient les USA.

La Première Guerre mondiale a renversé le centre de domination de l'industrie filmique, les européens qui possédaient 70% du marché cinématographique aux USA ont vite perdu leur suprématie et ne l'ont plus jamais retrouvée. La Seconde guerre mondiale a marqué une nouvelle exaltation indiscutable de films américains, mais accompagnés cette fois par une réaction très vive de la part des professionnels européens, en France, Grande Bretagne et en Italie, ainsi que par la publication des premiers systèmes de quotas et de taxes. Dès son origine la compétition économique filmique s'est vite transformée en guerre idéologique et culturelle.[23]

Le cinéma représente une arme diplomatique. Les Etats-Unis s'en sont rendu compte avant tous les autres pays du monde. Ou du moins ils ont été les premiers à débloquer les moyens financiers nécessaires à leur ambition : faire du cinéma américain l'étalon image de la planète. Ainsi, à peine le monde s'extirpait de sa deuxième guerre que les Etats-Unis pensaient déjà à étendre la diffusion de leurs films. En mai 1946, les accords Blum-Byrnes supprimaient le contingentement des films américains (qui dans les années 30 autorisait la diffusion dans les salles françaises de seulement 188 films américains doublés et de 50 supplémentaires en version originale).

En échange, les Etats-Unis s'engageaient à soutenir financièrement la reconstruction de la France. L'important pour les Etats-Unis dans la signature des accords Blum-Byrnes, ce n'est pas seulement l'exportation de leurs films mais également et surtout de leur philosophie et de leur mode de vie. Tout film émane les valeurs de son pays d'origine, qu'elles soient culturelles, commerciales, linguistiques, ou politiques. Cette représentation est d'autant plus puissante qu'elle est magnifiée et embellie, qu'elle substitue à la réalité une image et un récit, reconnaissables certes, mais en grande partie rêvés.

---

[23] Puttnam David, The undeclared war : the struggle for control of the word's Film Industry, Harper Collins, 1997, p.127

Cette force suggestive du cinéma comme une partie déterminante de l'authenticité culturelle explique l'attention précoce que lui ont porté les Etats Unis. Bien sûr toutes les dictatures - l'Union soviétique communiste, l'Italie fasciste ou l'Allemagne nazie - ont voulu instrumentaliser ce moyen unique de propulser leur puissance.

a. La Résistance soviétique

Apres la révolution de 1917, l'Etat soviétique s'intéresse au cinéma comme moyen de propagande et d'enseignement. Lénine lui attribue une mission didactique. Les cinéastes révolutionnaires refusent le modèle hollywoodien, avec ses partis pris individualistes (le personnage principal, la star), ses objectifs spectaculaires et commerciaux, son mode de récit où le spectateur, emporté par l'intrigue pseudo logique et affective du film, ne peut réfléchir ou exprimer une distance critique par rapport à la vision du monde qu'on lui présente. Les uns des cinéastes russes se tournent vers le reportage, le document, l'actualité pour donner une certaine image de la réalité communiste en Russie. Le cinéaste Dziga Vertov à travers le *montage*, organise les images tournées un peu partout pour donner une vision communiste du monde soviétique (L'Homme à la camera, 1929). Les autres comme Poudovkine et Eisenstein se tournent vers la fiction pour souligner les significations historiques des événements, pathétiser les luttes de classe. Dans ces histoires exaltantes qui prennent le plus souvent la forme de l'épopée il n'y a pas d'héros individuel ou personnage principal à moins qu'il ne soit emblématique (Le Cuirasse Potemkine d'Eisenstein ou La Mère de Poudovkine).

Dans l'ensemble, les histoires sont toujours claires, mais dans le détail les cinéastes soviétiques se soucient moins de préserver la cohérence et la continuité des enchaînement spatio-temporels que d'éveiller l'esprit et la passion des spectateurs.

b. L'expressionnisme allemand

En Allemagne les tendances rebelles au classicisme hollywoodien s'expriment entre 1907 -1926 à travers le cinéma dadaïste, surréaliste et l'expressionnisme allemand. Les peintres surréalistes effectuent des recherches plastiques des le début des années vingt dans le domaine de l'abstraction. Ils promurent des compositions visuelles centrées sur des formes abstraites en mouvement(Symphonie diagonale, Eggeling, 1923) et des rythmes purs(série des Rythmes, Richter, 1921-1926). Le cinéma expressionniste allemand fait parti d'un vaste mouvement esthétique englobant arts plastiques, littérature, arts du spectacle, architecture. Il s'oppose radicalement au réalisme et à la vraisemblance: il représente le cinéma de la vision, de l'hallucination, de l'illusion. Les films expressionnistes évoquent la peinture et l'architecture, décelable dans le recours à des décors irréalistes(Le cabinet du docteur Caligari, Wiene, 1919) ou monumentaux (Metropolis, Lang, 1926) et dans le travail de composition des images: oppositions fortes entre ombres et lumières, stylisation, espace picturalise ou théâtralise à outrance. Tout, le jeu des acteurs, le maquillage, les costumes, prend part dans la mise en place d'un univers fantomatique, inquiétant, factice et halluciné.

c. L'impressionnisme français.

Une autre réaction contre l'impérialisme américain exprime le cinéma français des années vingt. Les cinéastes français adeptes de l'impressionnisme veulent promouvoir un cinéma national qui se démarque des contraintes du cinéma dominant. Ils sont pour la libération du cinéma de l'obligation de raconter des histoires, pour le " cinéma pur" ou encore la "musique des yeux" comme l'a dit

Germaine Dulac. Louis Delluc, Jean Epstein, Marcel L'Herbier, Germaine Dulac, Abel Gance exploitent toutes les ressources filmiques pour composer des "symphonies visuelles et rythmiques"[24] : montage accéléré, ralenti, passage au négatif, images floues, jeux sur des motifs visuels, travail du noir et blanc. Ces recherches ne sont pas, en fait, de l'art pour l'art. Elles s'inscrivent dans une ambition plus vaste: exprimer, par le cinéma, art du temps et du mouvement, révéler ce qui n'est pas visible à l'oeil nu, créer un univers de " féerie réelle" (Epstein).

d. Le septième art pendant la période 1920-1960.

Des années 1920 aux années 1960, Hollywood bâtit un faux réalisme, un réalisme codé, dont l'artifice se trouve rehaussé par l'usage du Technicolor ou par l'alternance des prises en studio avec celles réalisées en décors naturels. L'image hollywoodienne évoque aussi bien la respiration du réel, le présent rendu palpable, que son antithèse, un monde expressionniste où la couleur dissout presque la trace du réel. Un exemple flagrant de cette image est le film Autant en emporte le vent.

La production française des années 1930 acquiert un prestige international considérable. Les Américains achètent les droits des scénarios pour réaliser des remakes adaptés à leur public avec des acteurs connus outre-Atlantique; ainsi, *la Chienne* de Renoir (1931) devient *Scarlet Street* (Fritz Lang, 1945), *Pépé le Moko* de Duvivier (1937) devient *Casbah* (John Cromwell, 1938), *Le jour se lève* de Carné (1939) devient *The Long Night* (Anatole Litvak, 1947).

---

[24] Ibidem

La situation cinématographique en Europe des années trente est complètement différente. La France donne quelques titres de films, comme *Le jour se lève* ou *La grande illusion* qui ont pu servir de modèles pour un certain classicisme français, mais la production nationale n'a jamais connu, comme celle des Etats-Unis, une organisation industrielle et standartisée, seule susceptible de codifier des normes dominantes. Le cinéma français n'a jamais été une "machine à bien raconter des histoires", d'où son originalité artistique et sa faiblesse économique.[25]

> Pour un Pathé qui sort une douzaine de films par an de 1930 à 1935, on a une centaine de firmes qui tournent une ou deux bandes et disparaissent; aucune trace n'est restée, ni du financement ni du tournage ni de la diffusion. L'exploitation serait davantage accessible, au prix d'une immense enquête dans les journaux de province; on en tirerait des aperçus sur les programmes, rien sur la fréquentation ni sur les goûts du public.[26]]

Ainsi, dès son âge le plus tendre le cinéma montre les deux différents modes de penser et de tempérament du vieux et du nouveau continent. En Europe, euphorique et romantique après la découverte des Lumières, la production cinématographique est plus ou moins désordonnée, la valeur du cinéma est surtout non utilitaire, elle est artistique, créative.

---

[25] Lagny Michele, Ropars Marie- Claire, Sorlin Pierre, Générique des années 30, Paris, Presses Universitaires de Vincennes, 1986, p.47
[26] Ibidem

e. La Nouvelle Vague.

« Les auteurs de la Nouvelle vague ont laissé une bombe à retardement pour les générations futures qui n'avaient pas leur talent [27]»

Né du mouvement de contestation dès la fin des années 50 par une jeune génération de cinéastes français, la «Nouvelle Vague» dénonce l'immobilisme de l'industrie cinématographique. Ils considèrent cette industrie comme incapable de s'adapter et de refléter l'effervescence intellectuelle et artistique, ainsi que les changements sociaux radicaux qui se sont opérés depuis la fin de la seconde guerre. Ils attaquent le «cinéma de qualité», défendent la politique des auteurs et font l'apologie des réalisateurs américains Alfred Hitchcock et Howard Hawks. Les réalisateurs de la Nouvelle Vague lancent deux novelles notions-clés : de l'auteur et de regard. L'assimilation du metteur en scène à un auteur renforce la conception du cinéma comme moyen d'expression spécifique, à l'instar de l'écriture et de la peinture. Regroupés autour de la revue *Cahiers du cinéma*, dirigé par André Bazin, François Truffaut, Claude Chabrol, Eric Rohmer, Jean-Luc Godard. Ils revendiquent un cinéma d'auteurs avec au premier plan le réalisateur qui a le privilège devant le scénariste et le producteur d'avoir le droit patrimonial sur cette œuvre ainsi que le droit intellectuel sur le sort du film. Ils dénoncent les grandes productions marquées par la «tradition de la qualité», c'est-à-dire les imposantes productions rigoureusement formatées des grands studios français.

La Nouvelle Vague, en tant que mouvement, connaît une existence éphémère. Dès 1962, le mouvement s'essouffle. Les nouveaux auteurs qui veulent faire des œuvres personnelles sont rares et leurs films deviennent des symboles du cinéma qualifié d'intellectuel.

---

[27] Gassot Charles, Positif, N :483, mai 2001

Bien qu'il soit bref, le mouvement de la Nouvelle Vague a eu une influence marquante sur le cinéma français et international et se fait encore sentir aujourd'hui dans bien des cinématographies nationales.

Tous ces mouvements esthétiques se sont éteints en leur temps pour des raisons idéologiques, politiques ou économiques. Cependant ils ont laissé leur apport bénéfique en infiltrant le cinéma classique et en influençant tout le cinéma ultérieur. Le dialogue entre les différentes cultures naît de la confrontation, de la résistance, du conflit. Le modèle hollywoodien s'impose au monde entier, mais l'esprit éveille européen le confronte et contribue au développement, à la singularité, à la formation d'une nouvelle identité cinématographique européenne.

f. Le cinéma de la modernité européenne des années soixante dix.

La modernité cinématographique trouve ses origines en Europe après la Deuxième guerre mondiale. Elle s'exprime par le neo-réalisme italien. La crise économique, politique et idéologique, la famine provoque le génie européen de témoigner, de montrer la vérité du monde contemporain. La description de la société se fait à travers le documentaire, qui renoue avec la tradition russe et les premières projections des frères Lumières, les acteurs sont non professionnels, sans actions spectaculaires ni effets visuels.

Toutefois vers les années soixante, la modernité européenne devient plus complexe, plus ingénieuse sous l'influence de l'évolution des mentalités, de la littérature et du théâtre, grâce au progrès technique. Des modifications se produisent au milieu cinématographique, les producteurs et les cinéastes deviennent plus indépendants, les budgets sont plus allégés, les tournages deviennent plus libres et plus souples. La notion d'auteur acquiert une grande importance, des oeuvres de plus en plus personnelles apparaissent comme par exemple celles de Fellini, Bergman, Truffaut.

Par rapport au modèle classique, le cinéma de la modernité se caractérise par des récits moins dramatiques, moins linéaires, moins transparents, plus lâches. Il y a des moments vides comme dans les premiers films muets, mais ici l'effet est cherché pour créer une perspective lacunaire de l'intrigue. Les personnages ne sont pas tellement nettement dessinés, ils sont souvent en crise, peu disposés à l'action. Les frontières, entre subjectivité du personnage, de l'auteur et l'objectivité de ce qui est montré, sont souvent brouillées par des procédés visuels ou sonores.

Les rêves, les mirages, les souvenirs sont montrés sans transition avec les images du réel présent. Ce qui produit une confusion chez le spectateur entre présent, passé et futur. Les styles, le documentaire, le reportage, la fiction, sont aussi mélangés. L'auteur est ostensiblement présent avec ses voix off, son commentaire narratif ou par ses marques stylistiques, son regard sur les personnages. Les films émanent un goût prononcé pour la réflexivité, le film parle de lui-même (film dans le film), des arts, de la relation entre imaginaire et réel. Les films les plus illustres de cette époque sont La Nuit américaine (Truffaut), L'Etat des choses (Wenders), Fanny et Alexandre (Bergman), Le Mépris (Godard), Le Voyage des comédiens (Angelopoulos).

De cette manière, on arrive à la conclusion que, par certains aspects, le film de la modernité des années soixante soixante-dix puise dans l'histoire du cinéma: le film muet, l'impressionnisme des années vingt, le modèle classique hollywoodien etc. Il exerce une grande influence sur la production et les cinéastes américains comme Coppola, Kubrick, Altman, Scorsese etc.

Les cinéastes imitent, heritent, s'imprègnent, citent, plagient, parodient en intégrant les oeuvres qui précèdent les leurs. La roue de l'histoire cinématographique tourne et l'évolution de ses formes prouve que les éléments filmiques, qu'on croyait oubliés ou dépassés, ont été repris pour renouveler la signification et la forme du cinéma. Les formes cinématographiques appartiennent au fonds culturel dans lequel puisent les créateurs. Voilà pourquoi sauvegarder la diversité culturelle est une des tâches primordiales de chaque pays.

Afin d'expliquer les nombreuses pages consacrées à l'histoire du cinéma et son importance existentielle, on pourrait résumer que le développement historique du septième art s'est produit par des emprunts et des interdépendances très fortes entre les industries nationales européennes et américaines.

L'Europe a toujours représenté la face « voilée » du succès cinématographique américain. Les Majors ont été fondés par des émigrés européens et au fur et à mesure elles se sont appuyées sur des artistes, des techniciens, mais aussi des ressources financières en provenance du vieux continent. Les productions américaines ont toujours largement dépendu des marchés extérieurs (à 40% dès les années 30, plus du double aujourd'hui)[28] Mais si le cinéma américain est européanisé, l'affirmation réciproque est aussi vraie.

L'histoire du cinéma a montré qu'il y a eu une succession de pôles de suprématie tantôt français, tantôt américain, tantôt italien, tantôt allemand dont l'épanouissement ou le déclin dépendent de toutes sortes de raisons psychologiques, ethniques ou sociologiques. Depuis les vingt dernières années, le cinéma européen s'est internationalisé à un niveau jamais atteint : à la fois dans ses financements et dans les choix de ses sujets.

I. L'hégémonie du modèle hollywoodien. L'Union Européenne et l'industrie cinématographique.

A. L'hégémonie cinématographique américaine

Hollywood a imposé son mythe, son modèle dominant qui pour le public est synonyme de rêves, d'évasion de la grisaille quotidienne, et d'amusement. Il représente un divertissement universel. Cependant cet universalisme américain étouffe l'expression culturelle des autres pays.

---

[28] Puttnam David, The undeclared war : the struggle for control of the World's Film Industry, Harper Collins, 1997, p.253

Le bilan est angoissant car partout le cinéma américain impose sa suprématie et le cinéma national européen n'occupe que 10-15% des parts de marché. En 2000, le cinéma américain a produit 683 films (tableau p.20). L'Europe a rapporté au cinéma américain plus de la moitié de ses recettes mondiales (56%), l'Amérique latine (13%) et l'Australie/Nouvelle Zélande (6%).Le modèle hollywoodien envahit les écrans du monde entier- les chiffres sont spectaculaires : 70 % des films projetés dans les salles européennes viennent des Etats-Unis, face aux dérisoires 3 % de films européens visionnés là-bas.[29]

Parts de marché selon la nationalité des films (%)

		1994	1995	1996	1997	1998	1999	2000	2001	2002	2003*
Films français		28,3	35,2	37,5	34,5	27,6	32,4	28,6	41,4	35,1	35,0
dont :	100% français	20,6	27,0	26,3	28,8	23,9	17,4	21,8	31,2	26,0	25,0
	Majoritaires français	5,7	5,7	7,6	4,3	2,7	12,2	5,4	8,8	7,4	7,6
	Minoritaires français	2,0	2,6	3,6	1,4	1,1	2,8	1,3	1,4	1,7	2,4
Films américains		60,9	53,9	54,3	52,2	63,2	53,9	62,3	46,6	49,8	52,9
Films européens		8,7	8,4	6,2	10,0	7,6	11,1	6,3	7,7	8,4	4,8
dont :	Allemands	0,5	1,2	0,4	0,1	0,2	0,6	0,6	0,8	0,8	0,9
	Britanniques	7,0	6,5	5,2	9,1	4,5	8,8	4,7	5,7	5,0	2,8
	Espagnols	0,2	0,1	0,3	0,1	0,1	0,2	0,1	0,4	2,0	0,4
	Italiens	0,2	0,1	0,1	0,1	2,2	0,9	0,4	0,3	0,3	0,4
Films d'autres nationalités		2,0	2,4	2,0	3,3	1,6	2,6	2,8	4,3	6,8	7,3
Total		100,0	100,0	100,0	100,0	100,0	100,0	100,0	100,0	100,0	100,0

* Données provisoires. Source : CNC 2003

La part de marché des films français s'établissait en France en 2000 à 28,6 % contre 62,3% pour les films américains. Les chiffres pour les

---

[29] Moullec Gaël : L'Europe face au cinéma américain, Synthèse N : 58, Paris, Septembre 2002, p. 63

huit premiers mois de l'année 2003 accordaient en effet 35,0% des parts de marché au cinéma français (31,2% en 2000 pour la même période) contre 52,9% pour le cinéma américain.

La part des films français aux Etats-Unis a représenté en 1999 0,4% contre 0,2% en 1998 .Cinq films ont réussi a franchir ou approcher le seuil symbolique de 1,5 million de dollars en recettes salles : « Jeanne d'Arc » de Luc Besson, « Le dîner de cons » (The dinner game) de Francis Veber, « Conte d'automne » (Autumn tale) d'Eric Rohmer, « La vie rêvée des anges » (The dreamlife of angels) d'Eric Zonca, « Romance » de Catherine Breillat[30]. D'une manière globale, les films étrangers, plus particulièrement s'ils ne sont pas tournés en anglais, sont maintenus sur un marché de « niche » qui correspond aux attentes d'un public restreint de cinéphiles à la recherche de films d'auteurs.

1. Le cinéma aux Etats-Unis.

Hollywood représente la référence du succès cinématographique, un lieu de pouvoir mythique, il suscite tantôt l'adoration, tantôt le rejet et très souvent leur combinaison.

Le marché principal américain est de 275 millions d'habitants, qui vont au **cinéma** en moyenne plus de cinq fois par an (contre trois seulement pour la France, réputée cinéphile) La production de film de long métrage en 2002 a été 543 contre 634 dans l'Union Européenne. Par rapport à la production des années 1996, 1997, 1999, elle a considérablement baissée. Cependant les recettes ont nettement augmenté. La distribution des films américains s'avère parfaite. [31]

---

[30] Source Unifrance 2000
[31] Paris Thomas, «Quelle diversité face à Hollywood ? », CinémAction, Paris, 2002

Le cinéma aux Etats-Unis

	Longs métrages produits [1]	Ecrans	Entrées (millions)	Indice de fréquentation	Recettes (M$)	Part du film étranger (%) [2]
1994	575	26 586	1 291,7	5,0	5 396,2	2,8
1995	631	27 805	1 262,6	4,8	5 493,5	3,3
1996	735	29 690	1 338,6	5,0	5 911,5	2,6
1997	767	31 640	1 387,7	5,2	6 365,9	5,5
1998	686	34 186	1 480,7	5,5	6 949,0	4,0
1999	758	37 185	1 465,2	5,4	7 448,0	6,6
2000	683	37 396	1 420,8	5,2	7 660,7	4,3
2001	611	36 764	1 487,3	5,3	8 412,5	5,7
2002	543	35 280	1 639,3	5,7	9 519,6	4,4
2003	593	35 786	1574,0	5,4	9 488,5	n.d.

1. Ces chiffres inclus des films qui ne sont jamais sortis en salle.
2. Part du film européen, compilée par l'Observatoire Européen de l'Audiovisuel
Source : CNC 2003 d'après Motion Picture Association of America, Variety

Parler de la situation du cinéma aux Etats-Unis représente une longue entreprise car la panoplie des styles et des courants artistiques hollywoodiens est très complexe et variée. En effet la production hollywoodienne est un assemblage hétéroclite de films dont le point commun est le succès donc les recettes élevées. Le cinéma hollywoodien dans son ensemble ne peut pas être analysé comme un ensemble pouvant posséder une certaine cohérence. La diversité des quelques cinq cent films produits chaque année par Hollywood est un obstacle infranchissable à toute tentative de prise en compte globale de ce cinéma. L'*entertainment* représente la visée du cinéma américain. Pour cette raison Hollywood s'efforce de répondre à tous les goûts de toutes les générations et de ce fait la cinématographie hollywoodienne a de différentes facettes positives, mais aussi négatives.

Les années soixante, soixante-dix évoquent le réalisme moderne américain, tissé d'une certaine contestation sociale de l'*American way of life,* avec les films Macadam Cowboy (1968), de John Schlesinge Ted et Alice (1969), de Paul Mazursky, Woodstock

(1970), de Michael Wadleigh , Alice's Restaurant d'Arthur Penn ; Orange mécanique (1971), de **Stanley Kubrick**.

Le cinéma *underground* new-yorkais recherche de nouvelles formes, de nouveaux styles et de nouveaux sujets comme par exemple le sexe, la drogue, l'aliénation. Les cinéastes de cette école sont Kenneth Anger, **Andy Warhol** , les frères Mekas, Michael Snow. Ils influencent le développement ultérieur du cinéma hollywoodien.

Chaque production cinématographique reflète le temps dont elle est produite, ses modèles, ses héros et ses mythes. La société contemporaine est marquée par l'accélération et la vitesse. L'homme est pressé, sa vie représente une course vertigineuse. La concurrence de la société capitaliste est impitoyable, le temps du romantisme est irrévocablement passé. La précipitation, l'énervement créent la violence. Voilà pourquoi le modèle du film qui s'est imposé pendant les décennies 1980 et 1990 avec son imagerie et sa loi, est celui du film d'action, Rocky de John Avildsen, Rambo de Ted Kottchef, Alien de Ridley Scott, Vendredi 13, de Sean Cunningham, Terminator de James Cameron, Superman de Richard Donner, Batman de Tim Burton, Star Trek de Robert Wise. Il n'essaie pas de représenter une réalité mais un modèle, une utopie, un mythe. Ce modèle américain, qui a envahit les écrans du monde entier, émane l'état maladif de nos sociétés européennes, touchées par le syndrome de l'aliénation, de l'égoïsme et trouve ses origines dans le *blockbuster*.

Bien sur, le cinéma hollywoodien n'est pas seulement action, il a ses chefs-d'oeuvre et ses génies. Il suffit de citer Spielberg, Lucas et Kubrick, Scorcese et Altman, Cameron et De Palma...la liste est très longue. Il a aussi ses stars dont Meryl Streep, Jessica Lange Julia Roberts, Michel Pfeiffer, Jodie Foster, Uma Thurman, Al Pacino, Robert De Niro, Dustin Hoffman, Tom Cruise, Tom Hanks, Richard Gere, Johnny Depp, possèdent un vrai talent et un vrai charisme magnétique.

Quand est-ce qu'il fait son apparition le modèle de *blockbuster* ?

Au début des années soixante-dix, le terme *blockbuster* fait son entrée en désignant un film qui possède un énorme budget de production, effets spéciaux, public adolescent et une combinaison de salles phénoménale pour sa projection. Ainsi, à l'origine, le terme *blockbuster* est généralement employé pour caractériser un mode de distribution. Tout au long des année soixante-dix et quatre-vingt, les recettes extraordinaires, les multiplexes, la culture de masse et les produits dérivés provoquent la naissance d' un idéal type stylistique qui devient peu à peu la référence pour l'industrie hollywoodienne car il représente son renouveau en termes économiques et spectaculaires. Dorénavant les studios ont retrouvé une rentabilité importante, chacune de leur grosse production étant quasiment assurée d'atteindre l'équilibre financier grâce aux marchés vidéos, télévisuels et aux produits dérivés. Le film est en effet l'émanation inéluctable d'une industrie du loisir culturel en pleine expansion. Les *blockbusters* sont stylistiquement, de plus en plus imprégnés par la recherche de scènes d'action spectaculaires, par l'exagération de tout sentiment et par la transformation de tout évènement en une situation de crise potentielle hyperbolisée.

L'ère de la science-fiction, de la Guerre des étoiles (1977) et de E.T. (1982) s'installe dans le domaine du septième art dont le public est surtout adolescent. Steven Spielberg et Georges Lucas peuvent donc être nommés les pères fondateurs d'un cinéma-norme de divertissement.

En effet pour les films purement commerciaux, le marché américain est suffisant et est prêt à s'engager dans ce type de projet. Cependant les Etats-Unis comptent des dizaines de réalisateurs indépendants qui doivent combattre pied à pied pour trouver des financements. Les premières sommes qu'ils trouveront ne seront pas issues du marché, mais des fondations ou des producteurs hollywoodiens. Mais pour les films plus culturels il faut chercher ailleurs. Hollywood adopte une nouvelle approche, il regarde à l'ouest, vers le Japon. La plupart des gros films à qui l'on reproche le fait d'être des films américains- il vaudrait mieux dire hollywoodiens- sont financés par des conglomérats japonais, des entrepreneurs du bâtiment français, des multinationales. Il ne faut pas confondre le « cinéma américain » et le cinéma hollywoodien. Il existe un cinéma américain indépendant qui a toutes les caractéristiques et qui est confronté aux mêmes difficultés à exister en salle aux Etats-Unis que le cinéma européen. D'un côté le film hollywoodien de l'autre, tous les films du monde.

Depuis trente-quatre ans le Nouvel Hollywood se construit contre le réalisme moderne des années soixante. Cependant il n'a pas cessé d'entretenir avec lui de différents rapports de continuité et de complémentarité.

Aujourd'hui Hollywood trahit plus que jamais sa hantise des origines. Il cherche les origines du cinéma et de ses propres mythes qu'il ressuscite par des remakes, des adaptations de succès passé. Origines métaphysiques et géographiques du monde exaltent la culture américaine qui s'exprime parfaitement dans l'art hollywoodien du réel, de l'espace et des métaphores spirituelles.

Le merveilleux est retrouvé et ravivé par l'industrie hollywoodienne (Le Seigneur des anneaux, Harry Potter etc.) Derrière l'épaisseur de l'indifférence du monde réel, il fait découvrir l'énigme de l'existence, la trace de l'extraordinaire dans notre vie.

2. Les Raisons de l'invasion américaine.

La suprématie de Hollywood est le résultat d'un amalgame de raisons politiques, historiques, structurelles et organisationnelles.

a. Raisons politiques

Les cultures et les civilisations américaine et européenne font toutes deux partie des grandes de ce monde, mais leurs différences sont nombreuses. Ces différences ont des conséquences sur l'approche de la culture, de la création et du financement de ces deux éléments. Les Etats-Unis et l'Europe sont des démocraties, la première sur le modèle Jeffersonien et la seconde sur le modèle parlementaire. L'équilibre entre l'état et l'individu n'est pas le même du fait d'une évolution différente, d'une tradition particulière. En Europe depuis le seixième et le dix-septième siècles, l'Etat est puissant et dirige la vie économique et politique. Aux Etats-Unis, au contraire, l'Etat est presque inexistant.

L'Européen a essayé, petit à petit de s'affranchir de l'Etat afin de conquérir une place de plus en plus importante à l'individu. Alors qu'aux Etats-Unis, l'individu a confié certains de ses pouvoirs, une part de sa liberté à une autorité, car il était nécessaire d'avoir une autorité centrale. En Europe, les traditions dans le domaine de la culture sont fortes, les institutions culturelles sont celles qui protègent et promurent la création de films, toutes les oeuvres culturelles. L'Union Européenne et les gouvernements européens font de la culture une de leurs priorités. Le cas aux Etats-Unis est complètement différent. La culture americaine est née comme une culture de masse, elle est créée pour ses consommateurs.

Ainsi, elle est considerée comme un sous-produit, un produit derivé. Pour les Américains, la façon la plus efficace de maximiser son effet culturel est de promouvoir sa commercialisation de façon très agressive, de la même façon que n'importe quel autre produit. Donc l'argent permettant de financer un projet culturel ne provient pas du gouvernement. Les sommes consacrées à la culture proviennent de bienfaiteurs ou des fondations. Cette culture, à cause de son origine et de son évolution, présente un tres petit denominateur commun. Pour cette raison elle attire l'intérêt des gens du monde entier. En effet, le dénominateur commun c'est l'authenticité de la culture américaine. L'Europe, c'est la pluralité infinie des cultures et la multitude des langues. On ne peut pas réduire les cultures française, espagnole, tchèque, russe, allemande, bulgare, italienne, suisse etc. à un dénominateur commun pour produire un modèle unique européen.

b. Raisons structurelles.

Le cinéma américain a réussi à développer avec succès une stratégie de mondialisation. Les investissements sont massifs dans l'industrie cinématographique américaine. Cependant cette stratégie est délicate à réaliser dans le domaine de la culture européenne à cause des particularités nationales. La structure du marché américain : énorme, homogène par la langue, directement compréhensible par un large public dans le monde entier et hétérogène du fait de la multitude de cultures qui le composent, est propice à la mondialisation.

En faisant des films pour ce marché dans toute sa variété, pour ce monde en miniature, Hollywood a appris à faire des films universels. Le film hollywoodien a réussi à développer par excellence la formule magique des frères Lumière le cinéma-spectacle et à s'appuyer sur la gloire internationale de ses stars. Le modèle du cinéma-monde est fondé sur le film-monde, film-évènement universel dont le message touche tout type de public dans tous les pays du monde. Il offre un modèle d'approche mondialisée des marchés qui a déjà prouvé sa réussite financière, commerciale, industrielle, militaire. Le film pour être concurrentiel doit être exceptionnel. Les moyens pour la production ainsi que pour le lancement d'un film sont déterminants. Très souvent le budget de la promotion d'un film tend à dépasser celui de la production pour créer l'évènement. Tous les médias convergent pour assurer son succès.

c. Raisons organisationnelles.

Sur le plan organisationnel, Hollywood est un char de combat dirigé vers la conquête du public. Faire un film représente une opération très risquée. Pour assurer le succès de leur produit les studios hollywoodiens mettent-ils en œuvre un arsenal de procédures pour minimiser les risques : ils détectent les sujets, ils ciblent le public et segmente des films en genres pour garantir aux spectateurs le rire, l'émotion, l'action...selon les types de films, ils travaillent sur les scénarios, recourent aux stars, lancent des films comme des événements, etc. La corrélation production-distribution est complètement maîtrisée par l'industrie du film hollywoodien. Le tournage d'un film ne peut pas être commencé s'il ne peut compter dès le départ sur une grande quantité de copies potentiellement diffusable, qui peuvent assurer sa rentabilité hypothétique. De cette manière les distributeurs peuvent risquer en comptant un nombre suffisant de produits pour assurer la continuité de la programmation c'est-à-dire l'amortissement des films les uns par les autres. La formule de multiplexe, ce complexe de dix à vingt salles valorise le film-monde et se répand en Europe, importée des Etats-Unis. Tout est fait pour assurer le succès.

La différence entre les films européens et américains ne vient pas tellement de leur quantité, mais plutôt du coût moyen alloué à un film. En effet, le coût moyen d'un film au Royaume Uni est de 7,7 millions d'euros, de 4,8 millions en Allemagne, et de 1,9 millions en France. Alors qu'aux Etats-Unis, il avoisine les 12 millions d'euros !

Financement des films d'initiative française

%	1994	1995	1996	1997	1998	1999	2000	2001	2002	2003
Apports des producteurs français	29,3	26,8	24,3	33,4	27,6	28,0	31,1	36,6	29,0	31,3
Apports des Sofica	5,3	5,6	4,8	4,5	4,3	4,4	5,7	3,3	4,6	4,5
Soutien automatique investi	7,5	8,7	8,3	7,7	8,1	6,7	7,4	7,0	7,6	6,6
Aides sélectives	6,7	5,7	4,9	5,2	4,4	4,4	3,6	3,2	3,4	3,5
Aides régionales	-	-	-	-	-	-	-	-	1,0	1,1
Apports en coproduction des chaînes de TV	6,5	6,8	7,7	7,2	7,0	6,0	9,0	3,7	4,6	3,8
Pré-achats des chaînes de TV	27,4	30,1	34,3	28,7	31,5	34,2	31,2	32,0	29,7	26,3
A valoir des distributeurs français	5,0	4,0	5,5	3,5	6,8	8,8	5,5	6,0	7,5	6,0
A valoir des éditeurs vidéo français	-	-	-	-	-	-	-	-	1,6	2,0
Apports étrangers	12,3	12,3	10,2	9,8	10,3	7,5	6,5	8,2	11,0	14,9
Total	100,0	100,0	100,0	100,0	100,0	100,0	100,0	100,0	100,0	100,0

Source CNC 2003

Le premier sur les marchés étrangers est le cinéma américain. L'intérêt des Etats-Unis est attiré par le marché international car à la suite de l'explosion de leurs coûts de production, certains films ne sont plus rentables sur le seul marché national. Par conséquent, la rentabilisation des productions américaines dépend de plus en plus du marché international. Les *majors* investissent des sommes considérables dans leurs films qui se traduisent par des budgets exorbitants, sans commune mesure avec les autres pays du monde : en 1999, un film hollywoodien coûte en moyenne 76 M$, dont 24 M$ de distribution, contre moins de 10 M$ pour un film européen, dont environ 1

M$ de distribution.[32] Le marketing joue un rôle primordial dans l'exposition du film américain et pour gagner du public.

d. Raisons historiques.

Les raisons historiques du succès hollywoodien consistent dans l'*American way of life*. La promotion de la manière américaine de vie, de leur culture et de leur langue. Depuis Naissance d'une nation, le grand sujet du film hollywoodien représente la mise en valeur de l'histoire américaine. Encore le cinéma classique des années trente pose la question de la définition de l'Américain. Le but est de donner une image idéale de l'Amérique indispensable à la promotion d'un sentiment national unifié auprès d'une population fortement mélangé. Le rêve américain a réussi à trouver une représentation en image qui a mis en avant son caractère démocratique et consumériste. Plus les films hollywoodiens sont vus dans le monde, plus ils développent chez les spectateurs une habitude à leurs codes – narration, acteurs, décors, genres, techniques... Or, dès leur plus jeune âge, les regards des spectateurs du monde sont formés par les films de Walt Disney. Le cinéma et l'audiovisuel participent à l'éducation des jeunes non seulement en USA, mais aussi en Europe et dans le monde entier. Par conséquent l'importance économique, symbolique et éducative du secteur cinématographique américain est puissante.

Les *majors*, solides bastions multinationaux présentes sur les principaux marchés par l'intermédiaire des filiales de distribution participent dans un organisme commun d'exportation la Motion Pictures Association of America (MPAA). Cette association avec l'appui de l'État américain défend de concert les intérêts des films hollywoodiens à l'étranger. MPAA a une puissance d'intervention énorme. La distribution est un facteur essentiel de réussite, la clé du succès dans l'économie de marché. La distribution cinématographique européenne est dominée par une dizaine de grands

---

[32] Source CNC 2000

groupes dont quatre sont filiales de majors américaines. Dans ce domaine l'hégémonie américaine est la plus décisive et la plus nette.

En résumé, le cinéma américain (hollywoodien) est un bon cinéma, qui peut même parfois être excellent, mais il a un défaut : il tue toutes les autres formes de cinéma. Il le fait pour des raisons culturelles, économiques et politiques.[33]

3. Le Cinéma dans l'Union européenne

Aujourd'hui le cinéma français est perçu par le public américain comme artisanal, intellectuel, le cinéma allemand comme trop compliqué ou littéraire le cinéma italien comme léger. Par conséquent la part des films européens aux Etats-Unis est très basse (4,4% en 2002).

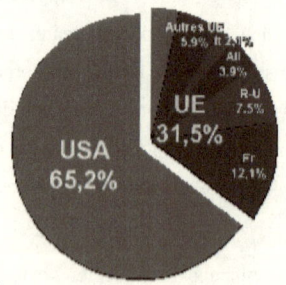

La part de marché de la production cinématographique dans l'Union Européenne est de 31,5% en 2001. La part des films américains s'élevait à 65,2% des entrées de cinéma dans l'Union Européenne. La prédominance de film hollywoodien était la plus manifeste au Royaume-Uni, au Luxembourg et en Grèce, où les productions américaines représentent plus de 80 % des recettes guichet.[34] L'Europe ne peut pourtant pas dire qu'elle manque de productions

---

[33] Miller Richard, Ministre des Arts et des Lettres et de l'Audiovisuel de la Communauté française, XV ème Assemblée Régionale Europe Bruxelles, les 18 et 19 novembre 2002
Commission II : « La promotion du cinéma européen »
[34] Source : l'Observatoire européen de l'Audiovisuel, 2002

cinématographiques, puisqu'elle réalise chaque année plus de 600 longs métrages (625 en 2001), dont près d'1/3 d'entre eux sont des films français (204 en 2001).

L'Europe ne connaît aucun équivalent au système de "studios" de l'industrie cinématographique des Etats-Unis. Les producteurs ne sont organisés au sein d'aucune structure commerciale qui pourrait, à proprement parler, être qualifiée de studio. La plupart des productions européennes sont réalisées par de petits producteurs, au sein d'un secteur d'activité fortement morcelé. En dépit de cette différence de structure, l'UE compte néanmoins un certain nombre de grands studios de cinéma, tels que Cinecittà, près de Rome, les studio Pinewood, près de Londres, les studios Bavaria près de Munich, les studios Babelsberg, près de Berlin et les studios de Boulogne à Paris.

Le cinéma dans L'Union Européenne

	Longs métrages produits 1	Ecrans 2	Entrées 2 (millions)	Indice de fréquentation	Part du film européenne (%)	Part du film américain (%)
1993	504	18 947	666	1,8	n.d.	75
1994	444	18 013	677	1,8	n.d.	74
1995	443	18 606	664	1,8	n.d.	72
1996	569	19 451	709	1,9	25	71
1997	560	20 487	765	2,0	32	65
1998	555	21 755	827	2,2	21	77
1999	600	23 077	808	2,2	29	69
2000	594	23 888	844	2,3	23	73
2001	628	24 835	931	2,5	32	65
2002	634	25 633	936	2,5	28	70

1. Estimations hors coproductions minoritaires et films à capitaux américains au Royaume-Uni 2. Estimations 3.A partir de 1995, Europe des 15. Source : CNC d'après l'observatoire Européen de l'Audiovisuel.

Le tableau est plus au moins optimiste puisqu'il montre la baisse relative depuis 1998 de la part du film hollywoodien grâce aux programmes de soutien de l'Union Européenne de la production cinématographique. Entre 1990 et 2002, les entrées de cinéma ont augmenté de 62% dans l'UE, pour atteindre 936 millions d'entrées en 2002. La France représente la plus grande part des entrées européennes (185 millions en 2002, soit 20% des entées européennes), suivi par le Royaume-Uni (176 millions) et l'Allemagne (164millions)[35]

En moyenne, les habitants de l'Union Européenne vont au cinéma 2,4 fois par an, contre 5,4 fois pour les habitants des Etats-Unis. Au sein de l'Union Européenne, c'est l'Irlande qui représente la plus forte fréquentation, avec 4,2 entrées annuelles par habitant, suivi de l'Espagne (3,6). A l'opposé, les Grecs et les Finlandais ne vont que 1,3 fois par an au cinéma.

L'UE compte plus de cinémas que les Etats-Unis. Elle a plus de 10 000 sites de cinéma, soit environ 3500 de plus que les Etats-Unis. Dans les années 1990, les cinémas traditionnels ont eu tendance à fermer, alors que les sites multiplexes (cinémas ayant au moins 8 écrans) se sont multiplier de façon extraordinaire.

L'industrie cinématographique de l'Union Européenne a connu une forte croissance dans les années 90 à cause de l'apparition des cinémas multiplexes. Néanmoins, les films européens ont du mal à s'imposer face aux productions américaines qui représentent les 2/3 des films vus dans l'Union Européenne.

4. Le cinéma français et britannique - deux visions opposées à la suprématie hollywoodienne.

Les cinémas britannique et français dessinent deux types de réponses européennes au défi d'Hollywood : résistance culturelle et renforcement d'une identité par l'opposition

---

[35] Source : l'Observatoire européen de l'Audiovisuel, 2002
[36] Ibidem

et la compétition, d'un autre côté partenariat, proximité très forte et appropriation des modèles américains. La France et la Grande-Bretagne représentent les forces les plus importantes sur le plan économique de l'Union Européenne. Ils incarnent les deux visions opposées qui ont façonné la politique culturelle de l'Europe Unie. La Grande-Bretagne a suivi le flot des politiques de libéralisation qui ont marqué l'histoire récente de l'Union européenne, par contre la France a trouvé ces politiques insuffisantes, parfois même antithétiques à l'intégration européenne. Elle a saisi le danger de la mondialisation pour la diversité culturelle des pays du monde entier.

La dialectique philosophique a prouvé que le progrès naît de la confrontation. Ces différences sont peut-être nécessaires pour trouver le juste milieu de l'ouverture et en même temps de la sauvegarde de l'authenticité de la politique culturelle européenne.

Quelles sont les origines de ces opinions française et anglaise radicalement opposées ?

Il existe des différences prononcées d'intérêts économiques entre la France et le Royaume-Uni dans le domaine cinématographiques. La France déprécie l'importance économique de la télévision et la Grande-Bretagne déprécie la floraison de son secteur cinématographique. Dans le domaine de la télévision, il y une différence remarquable entre les deux pays. Dans le domaine cinématographique le Royaume-Uni comme la France a une conformité nette entre politique intérieure et politique européenne. La France stipule des programmes de subvention européenne à l'instar de ses systèmes d'aide instaurés sur son plan national. A l'inverse, le Royaume-Uni a supprimé, pendant le gouvernement de Madame Margaret Tacher, la taxe Eady, son principal programme d'aide au cinéma et son quota de diffusion d'œuvres britanniques. [37]

La France a libéralisé son marché télévisuel plus profondément que le Royaume-Uni. En 1994, la part des programmes nationaux diffusés à la télévision française n'était que 48,6% ; 14,7% provenaient des pays de l'Union européenne (42% pour le Royaume-Uni) et 36% de pays non-européens dont les Etats-Unis était la source principale de 32,5%. Dans le domaine cinématographique la prépondérance américaine était nettement prononcée. En 1993 les films américains ont représenté 57,7% des recettes aux guichets en France contre 34,2% pour les films français et 87% de recettes pour les

---

[37] Sojcher Frédéric, directeur scientifique de l'ouvrage : Cinéma, Audiovisuel, Nouveaux médias ; La convergence : un enjeu européen ?, Paris, l'Harmattan, 2001, p.79

films hollywoodiens au Royaume-Uni où la cinématographie nationale ne représentait que 4,7%.[38] Les Etats-Unis représente un marché d'exportation considérable pour l'industrie audiovisuelle anglaise. Le principal partenaire du Royaume Uni sont les Etats-Unis. La pénétration massive de la télévision et du cinéma anglophone a marqué et dévalorisé la langue française, elle a eu une répercussion forte sur la culture. Les hommes politiques français ont vite compris la menace économique américaine.

Par conséquent les français mènent une politique opiniâtre de changement des accords de l'audiovisuel du GATT (nommé en 1995 OMC), de sauvegarde de la diversité culturelle et de promotion du cinéma européen. Les anglais à l'inverse n'ont pas intérêt de défendre la politique européenne de changement, ils veulent garder le statu quo européen.

Ces deux tendances trouvent leur origine dans les formations historiques dissemblables des deux pays européens. Les partenariats très proche et l'unité de langue entre les Etats-Unis et le Royaume-Uni, d'un autre côté les guerres territoriales, de suprématie mondiale entre les français et les anglais, et la concurrence exacerbée entrer les français et les américains, sont les causes primordiales des deux politiques opposées au sein de l'Europe.

a. La résistance française. Les quotas et les taxes

Le cinéma français représente aujourd'hui la seule alternative européenne à la « machine de rêves » hollywoodienne grâce à sa politique sociale et à l'implication de la puissance publique dans le soutien à la création cinématographique.

En France, la question « *comment résister à Hollywood ?* » est posée depuis 1920, puisque le cinéma hollywoodien a toujours été particulièrement fort sur le marché français. Face à cette situation, la France constitue un modèle de résistance en s'appuyant sur un dispositif à la fois financier, réglementaire et politique.

---

[38] D'après INA, 1995

Le cinéma est considéré en France comme un signe de singularité culturelle nationale. La diversité culturelle exprime l'existence de ce qu'un peuple peut avoir de plus authentique. La défense du cinéma participe plus largement dans la défense des cultures nationales et de leur diversité naît une source de richesse culturelle originale. De ce point de vue, il est important de résister à Hollywood, dans sa tentation de détenir un monopole de la diffusion et de la distribution. La singularité de l'approche française réside dans le fait qu'elle touche deux domaines antagonistes, mais qui vont de pair de l'économique et du culturel. Le cinéma obéit à des logiques de marché, mais il est aussi un phénomène culturel qu'il faut protéger comme tel.

Partout - ou presque - le cinéma américain impose sa suprématie. « *Dans ce nouveau western*, ironise le rédacteur en chef des « Cahiers du cinéma », M. Charles Tesson, *il n'est de bon cinéma qu'américain. Le reste, comme les Indiens naguère, doit être mort ou mis en réserve de l'industrie* »[39]. Le cinéma français est l'un des rares à résister avec quelques succès, puisque sa part du marché national représente en moyenne 33% sur les dernières années.

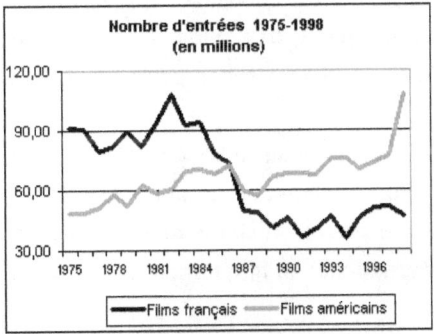

Figure 1 : Rapport Goudineau sur la distribution des films en salle (mai 2000)

Les graphiques montrent la relative résistance du cinéma français en nombres d'entrées. La chute de la fréquentation s'est poursuivie dans les décennies 1970 et 1980, avant de se stabiliser au début

---
[39] Cahier du cinéma,

des années 1990 autour du chiffre de 120 millions d'entrées annuelles.

> Les films français obtiennent régulièrement d'excellents résultats publics, en France ou à l'étranger. Pour ces dernières années, on peut citer *Le Cinquième élément* (19 millions d'entrées dans l'Union européenne), *Astérix* **et** *Obélix contre César* (20 millions) ou *Le Fabuleux destin d'Amélie Poulain* (17 millions dans le monde)[40]

Le mérite d'avoir retenu le public français dans les salles de cinéma après 1990 appartient aux réalisateurs Luc Besson (Le Grand Bleu , 1988, Le Cinquième élément 1997, Jeanne d'Arc, 1999), Marc Caro et Jean-Pierre Jeunet (Delicatessen , 1991), Laurence Ferreira-Barbosa (Les gens normaux n'ont rien d'exceptionnel , 1993), Jacques Audiard (Regarde les hommes tomber , 1994), Matthieu Kassovitz (La Haine , 1995) Pascale Ferran (L'Âge des possibles , 1996), , Cedric Klapish (Chacun cherche son chat , 1996), Tonie Marshall (Pas très catholique , 1994), Jean-Pierre Jeunet (Le Fabuleux Desin d'Amélie Poulain, 2001), Christophe Gans (Le pacte des loups, 2001) Christophe Barratier, (Les choristes, 2004) etc. dignes successeurs de la Nouvelle Vague.

Les acteurs mythiques français Jean Gabin, Lino Ventura, Brigitte Bardot, Alain Delon, Jean-Paul Belmondo, Gérard Depardieu, Catherine Deneuve émanent un charisme impérissable qui contribue à la renommée international du film français.

La politique française met son accent depuis cinquante-cinq ans sur la protection, l'illustration et la défense de l'industrie du cinéma. L'association Unifrance Film International garantit la promotion du cinéma français à l'étranger. Unifrance est également responsable du

---

[40] Paris Thomas, «Quelle diversité face à Hollywood ? », CinémAction, Paris, 2002 Source CNC 2002

déplacement à l'étranger des réalisateurs et acteurs dans le cadre des festivals internationaux, de même qu'à l'occasion de la sortie de films français.

> Unifrance a disposé en 2000 de 9 085 961 millions d'euros (dont 3,37 en fonctionnement - et 5,71 pour les interventions) ; ce budget est abondé à hauteur de 7 470 000 millions d'euros par une subvention du CNC.
> Le CNC pour sa part, en liaison avec Unifrance, a mis en place des mécanismes d'aide à l'exportation du cinéma français pour un total de 2 744 082, 31 euros en 2000. Enfin, sous la pression du CNC, le Ministère des finances, par l'intermédiaire de la COFACE, a accepté d'ouvrir plus largement ses procédures d'aide à l'exportation aux entreprises du secteur audiovisuel. [41]

Au début le système de promotion a été créé séparément de toute problématique culturelle : il s'agissait d'aider un secteur industriel dans un contexte où il était menacé par Hollywood. L'idée fondatrice du système est que tout support qui profite du cinéma – les télévisions, les salles, la vidéo – doit contribuer à le financer. Le premier mécanisme de redistribution est machinal:chaque producteur dispose d'un compte alimenté par les recettes de ses films et utilisable uniquement pour la production d'autres films. Il s'agit donc d'une prime au succès, destinée aux films français **et** aux films coproduits avec la France.

À ce mécanisme s'est ajouté un mécanisme sélectif, à visée culturelle. Il s'agit d'aider des films à vocation culturelle, qui ont du mal à se financer, qui risquent d'avoir peu de spectateurs, qui ne s'amortiront que sur une durée très longue. La plus connue de ces aides, l' "avance sur recettes", a été instaurée par André Malraux en 1959, **et** est octroyée par une commission de professionnels, qui

---
[41] Moullec Gaël : L'Europe face au cinéma américain, Synthèse N : 58, Paris, Septembre 2002, p. 63 ; Source : CNC, Statistiques, 2004

retient aujourd'hui environ un projet sur dix. Parmi ces aides sélectives, certaines sont destinées aux films en langue étrangère.

Certainement, le système représente une complexité spécifique, car il repose sur de très nombreux curseurs – les mécanismes évoqués, mais aussi les obligations des chaînes en matière de production, etc. – que l'on adapte de temps en temps. Mais un système se juge selon la réussite de ses résultats. Or, ses résultats traduisent une vitalité, au moins quantitative, du cinéma français : 200 films produits par an, une part de marché du cinéma national de 35 % l'an dernier, une fréquentation en hausse à 185 millions.[42] L'originalité du système français consiste dans le maintien de la tension du cinéma entre le loisir et la culture.

b. La politique libérale de l'industrie cinématographique britannique.

La situation de cinéma britannique est délicate. La langue anglaise et la tradition politique du Royaume-Uni, tournée plutôt vers les Etats-Unis que vers l'Europe, a fait de ce pays une terre propice à la prolifération du cinéma américain.

Le cinéma au Royaume-Uni

	Longs métrages produits[1]	Ecrans	Entrées (millions)	Indice de fréquentation	Recettes (M£)	Part du film national (%)	Part du film américain (%)	Part du film européen[3] (%)
1994	73	1 976	124,0	2,1	381,9	12,3	85,6	1,4
1995	73	2 010	114,9	2,0	382,6	10,4	85,2	1,4
1996	121	2 166	123,8	2,1	440,2	12,8	81,7	3,1

[42] Sources CNC, Statistiques 2004

1997	115	2 383	138,9	2,4	512,4	23,0	73,5	2,0
1998	91	2 581	135,2	2,3	539,0	14,1	83,9	1,9
1999	103	2 758	139,1	2,4	583,4	16,5	80,5	1,6
2000	90	2 954	142,5	2,4	621,2	19,6	75,3	1,5
2001	83	2 998	155,9	2,6	727,2	4,9	73,9	4,2
2002	119²	3 248	175,9	2,9	802,1	8,3	71,3	1,5
2003	177²	3 402	167,3	2,8	798,9	10,2	73,5	n.d.

1. Ces chiffres incluent des films entièrement financés et tournés par des compagnies américaines au Royaume-Uni 2. Source : UK Film Council, années antérieures British Film Institut 3. En termes d'entrées hors film national, d'après la base Lumière de l'OEA. Source : CNC d'après UK Film Council, Screen Finance, Cinema Advertising Association

Les films américains représentaient en 2001 plus de 73% des parts de marché contre 4,9% pour les films britanniques. Mais cette situation ne paraît pas du tout inquiétante menaçante, ou choquante pour les anglais. La production cinématographique britannique a toujours dépendu, plus qu'une autre, de son grand frère américain

Après 1927, quand les premiers grands circuits nationaux apparaissent : Gaumont-British, Associated British Picture Corporation, Odéon, les compagnies américaines commencent à investir dans les productions d'outre-manche. La dépendance de l'industrie filmique anglaise de Hollywood est très prononcée. Si les capitaux d'outre Atlantique diminuent, le cinéma britannique, non aidé par l'état, est sérieusement affecté. Pour cette raison il subit la plus noire crise de son histoire pendant la période 1970-1980. Des réalisateurs parmi les plus talentueux, Alan Parker (*Birdy*, 1984), Ridley Scott (*Blade Runner*, 1982), Lindsay Anderson (*les Baleines du mois d'août*, 1987), Richard Attenborough (*Chorus Line*, 1985), quittent le pays et s'installent aux Etats-Unis où ils font une belle carrière.

De cette crise existentielle, l'industrie cinématographique britannique a su relevé sa tête, le cinéma qui semblait plongé dans une crise irrémédiable, a pu rénové son parc de salles à l'issue de profondes restructurations. Il a développé des structures de distribution qui manquaient pour pouvoir se mettre face à face aux appareils prédominants des succursales américaines, et a su bénéficier des investissements des chaînes de télévision qui ont beaucoup coopéré à cette renaissance.

Et aujourd'hui très souvent le cinéma britannique est synonyme de succès populaire, d'intelligence, de qualité artistique reconnue. Il suffit de commencer avec le nom du grand réalisateur anglais Alfred Hitchcock qui possède l'étonnante capacité à traduire l'angoisse et réalise *l'Homme qui en savait trop* (1934), *les Trente-neuf Marches* (1935), *Une femme disparaît* (1938), *l'Auberge de la Jamaïque* (1939), avant de poursuivre sa carrière aux États-Unis ou bien continuer avec David Lean et son film-mythe *le Docteur Jivago*, 1965. Pour arriver au cinéma anglais de nos jours qui excelle dans les comédies, le film de Mike Newell Quatre Mariages et un enterrement qui représente en 1994, le come-back triomphant du cinéma britannique sur la scène internationale ou bien Mr Bean, Shooting Fish, Martha, Frank, Daniel et Lawrence, ou bien Comic Act. Le cinéma britannique est fort aussi dans les films d'époque The wings of the dove, Le patient anglais et les films shakespeariens de Kenneth Branagh (*Henri V*, 1989 ; *Beaucoup de bruit pour rien*, 1993). Le cinéma britannique de la modernité a connu de grands succès en France où certains cinéastes travaillent en pleine activités : Ken Loach et son Land and Freedom (1995), Mike Leigh et la Palme d'Or décernée à Secrets and lies (1996), Stephen Frears et son Hi-Lo Country (1997), et), ont connu un grand triomphe.

Emma Thompson, Daniel-Day Lewis ou Gary Oldman, Ewan McGregor, Kate Winslet, toute une vague d'acteurs déferle sur les écrans du monde entier. Ils sont les messagers talentueux du cinéma de Royaume-Uni.

Pour le développement du cinéma anglais s'occupe la loterie anglaise. Depuis 1996, une partie des gains de la loterie nationale sert à financer des films. Géré par l'Arts Council of England et par le British Screen, ce Greenlight Fund a permis de monter des projets comme le film de **Stefan Schwartz** Shooting Fish ou le film de Brian Gilbert sur la vie de Oscar Wilde. Le 29 juillet 1997, le Chancelier de l'Echiquier (le ministre des Finances) organise une soirée en l'honneur du cinéma anglais. Tony Blair fait appel à des célébrités pour le conseiller, Alan Parker se retrouve ainsi à la tête du British Film Institut avec le producteur Jeremy Thomas. [43]

Les efforts conjoints de coproducteurs de la Communauté européenne, de chaînes de télévision comme la BBC ou Channel Four, d'un organisme comme le UK Film Council ont permis au cinéma britannique de témoigner de son existence.

Néanmoins la production cinématographique britanniques reste en crise, les chiffres sont incontestables en prouvant sa mauvaise santé. La production de films anglais est très faible. Elle est atomique et il n'y a pas de vraiment gros investissements dans ce domaine. Les causes de ce mal fonctionnement cinématographique sont historiques, comme on vient de l'analyser, mais aussi elles sont culturelles.

Le septième art au Royaume-Uni a plutôt une réputation de divertissement vulgaire, surtout pour les intellectuels d'Oxford ou de Camridge, il ne peut pas rivaliser avec un art comme le théâtre. Il est plutôt une industrie qui doit être rentable. La situation actuelle, malgré les succès des rares fims britannques sur les écrans, est inquiètante pas seulement pour le Royaume-Uni, mais aussi pour tout le domaine cinématographique européen.

c. Le cinéma italien

Les trésors du cinéma italien accumulés depuis 1946 sont nombreux. Une extraordinaire collection d'une quarantaine de films ayant remporté lions d'or, ours d'or, palmes d'or et autres oscars hollywoodorés depuis plus d'un demi-siècle; du «Voleur de Bicyclette» à «La vita e bella», en passant par «Padre Padrone», «Main basse sur la ville», «Blow-up», «Cinéma paradiso», «Rome, ville ouverte», etc. ; ont provoqué et provoque l'admiration du public du monde entier.

La gloire passée du cinéma italien a cédé sa place à une industrie cinématographique, touchée par l'apathie du cinéma européen.

---
[43] Source : UK Film Council

Incontestablement, le cinéma italien n'est pas en déclin d'un point de vue quantitatif, même s'il a fortement rétrogradé : environ une centaine de films par an aujourd'hui contre plus de 200 jusqu'en 1976[44]. Néanmoins la plus grande partie de ce « cinéma » représente des films achetés par la télévision qui ne possèdent pas les vraies valeurs du septième art. Le nombre de films italiens qui rapportent de l'argent et qui attirent l'intérêt de la critique cinématographique se lève à une dizaine par an. [45]

> « Il faut l'admettre, estime Jean Gilli, le directeur artistique des Rencontres du cinéma italien d'Annecy, le cinéma italien est aujourd'hui redescendu en deuxième division. Il n'appartient plus aux cinématographies de grande diffusion commerciale, il a changé de statut et ne relève plus pour l'essentiel que du circuit art et essai »[46].

Le cinéma italien est malade, le poids de son prestigieux passé est lourd à porter. Qui peut égaler aujourd'hui les génies Fellini, Visconti, ou Antonioni ?

Le cinéma italien

Longs métrages produits	Ecrans	Entrées (millions)	Indice de fréquentation	Recettes (M€)	Part du film national (%)	Part du film américain (%)	Part du film français (%)	Part du film européen [3] (%)
199 95	3 617	98,2	1,7	425,4	23,7	61,4	3,2	13,2

---
[44] Source CNC, 1977- 2001
[45] Blum Roland, Rapport d'Information, déposé *en application de l'article 145 du Règlement* par la Commission des affaires étrangères (1)*sur les forces et les faiblesses du cinéma français sur le marché international*, Paris, *L* 'Assemblée nationale le 26 juin 2001
Gilli Jean, Positif, Paris, janvier 2001

1994	75	3 816	90,7	1,6	411,8	21,1	63,2	4,0	13,8
1995	99	4 004	96,5	1,7	425,0	24,9	59,7	2,5	11,5
1996	87	4 206	102,8	1,8	496,5	32,9	46,7	4,0	15,5
1997	92	4 057	118,5	2,1	589,3	24,7	63,8	2,2	12,4
1998	108	4 200	103,5	1,8	532,9	24,1	53,1	2,7	14,5
1999	103	2 948²	103,4	1,8	530,0	17,5	69,5	5,8	12,2
2000	103	3 112²	110,0	1,9	590,0	19,4	59,7	3,8	19,3
2001	130	3 299²	111,5	1,9	629,4	22,2	60,2	6,1	16,8
2002	117	n.d.	109,3	1,9	627,0	22,0	64,5	1,9	n.d.

1. Chiffres provisoires 2. Salles ouvertes plus de 60 jours par an. 3. En termes d'entrée hors film national, d'après la base Lumière de l'OEA. Source : CNC d'après ANICA, SIAE

Le tableau montre que le cinéma italien a perdu beaucoup de son public ; en 2000 il représentait seulement 17,5 % du marché national - 24% en 1999 - contre 70% pour le cinéma américain. Dans les faits : « En matière de cinéma, l'Italie est devenue une colonie américaine » comme l'a résumé dans une interview sur France 1 en 2001 le réalisateur italien Monsieur Francesco Martinotti.

Le cinéma italien subsiste grâce à la Commedia all'italiana qui représente des comédies de moeurs populaires, le plus souvent sommaires et sans prétention. Héritière du néoréalisme, la comédie italienne privilégie les tournages en pleine rue et en décors naturels ainsi que les personnages et intrigues puisés dans un quotidien dont elle détourne la gravité vers la farce dans la grande tradition de la commedia dell'arte. Ces comédies ne sont compréhensibles et intéressantes que pour le public italien et pour cette raison destinées uniquement au marché intérieur, leur nature les rendant inexplorables.

d. Le cinéma en Allemagne

Depuis le début du XX siècle, le cinéma allemand a été victime des régimes politiques qui se sont succédé depuis la défaite de 1918. Des crises politiques, sociales et morales se sont abattues sur l'Allemagne, et ont profondément bouleversé son domaine cinématographique, menacé même de disparition après la Seconde Guerre mondial. La décision de maintenir en activité les studios légendaires de la UFA, situés en ex-RDA, apparaît comme le symbole d'une continuité entre l'Allemagne de l'Est et de l'Ouest dont les cinéastes allemands, et particulièrement les jeunes, ont besoin. D'abord réputés pour le film muet et la présence de grands cinéastes et comédiens jusque dans les années 30, les studios de Potsdam, près de Berlin, tombent aux mains des nazis, puis reviennent à la RDA après-guerre. Aujourd'hui encore, outre les studios Babelsberg GmbH (services et production), Babelsberg Film (production) et Filmpark Babelsberg (divertissement), la ville recense une centaine d'entreprises media. Les studios de Babelsberg sont confrontés aujourd'hui à des difficultés. Ils ne retrouvent pas le niveau de rentabilité nécessaire, en raison de la concurrence de nouveaux studios de tournage dans les pays d'Europe de l'est, de la réglementation allemande du travail, et d'un problème ponctuel d'imposition élevée sur les cachets des acteurs étrangers tournant en Allemagne.

Le " nouveau " cinéma allemand a reçu de nombreuses consécrations au cours des années 1980 : un Oscar en 1979 pour Le Tambour, de Volker Schlöndorff ; un Ours d'or à Berlin en 1982 pour Le secret de Veronika Voss de Fassbinder ; deux Lions d'or à Venise la même année pour Les Années de plomb de Margarethe von Trotta et L'État des choses de Wenders, deux Palmes d'or à Cannes en 1984 pour Le Tambour et Paris, Texas de Wenders. [47]

Cependant cette relative célébrité internationale ne peut masquer la précarité de l'industrie cinématographique allemande. Elle n'a pas réussi, comme en France, se donner les moyens de résister à l'invasion des écrans par les films américains.

---

[47] Spitzenorganisation der Filmwirtschaft, 1990

Le cinéma en Allemagne.

Année	Films nationaux sortis	Ecrans	Entrées (millions)	Indice de fréquentation	Recettes (M€)	Part du film national (%)	Part du film américain (%)	Part du film français (%)	Part du film européen en [2] (%)
1994	60	3 763	132,8	1,6	627,9	10,1	81,6	1,5	6,6
1995	63	3 814	124,5	1,5	605,1	6,3	87,1	1,7	5,1
1996	64	4 035	132,9	1,6	671,9	15,3	75,1	1,0	9,3
1997	61	4 128	143,1	1,7	750,9	16,7	70,5	3,0	14,0
1998	50	4 244	148,9	1,8	818,2	8,1	85,4	0,7	6,9
1999	74	4 651	149,0	1,8	808,4	11,1	78,6	0,7	14,3
2000	75	4 783	152,5	1,9	824,5	9,4	81,9	0,9	8,8
2001	83	4 792	177,9	2,2	987,2	15,7	77,0	1,6	11,6
2002	84	4 868	163,9	2,0	960,1	9,5	83,0	2,6	13,2
2003	80	4 868	149,0	1,8	850,0	17,5[1]	n.d.	n.d.	n.d.

1. La part de marché est calculée en terme d'entrées.
2. En termes d'entrées hors film national, d'après la base Lumière de l'OEA.
Source : CNC d'après Filmförderungsanstalt, Spittzenorganisation der Filmwirschaft

La cinématographie allemande a grand ouvert ses portes aux films américains. Le cinéma allemand a représenté en 2001 une part de marché de 15,7, %, contre 77% pour le cinéma américain. La fréquentation des salles, dont le nombre décroît, a considérablement chuté (2001- 2,2 et en 2003-1,8), en même temps que la production de films.

Dans ce contexte dépressif, les " génies" du nouveau cinéma allemand doivent s'expatrier ou chercher des capitaux à l'étranger. Wim

Wenders, par exemple, a tourné aux États-Unis (Nick's Movie, 1980 ; Hammett, 1982 ; *Paris, Texas*, 1984), au Portugal (L'État des choses, 1982 ; Lisbonne Story, 1995), aux quatre coins de la planète (Jusqu'au bout du monde, 1991)[48]. En dépit de la réputation quasi-mondiale de réalisateurs comme Wim Wenders, Schlöndorff ou Herzog, le cinéma allemand est en peine de retrouver de nouvelles marques avec de jeunes réalisateurs. Certes des individualités de talent émergent, qui font, hélas, figure d'exceptions comme par exemple Wolfgang Becker qui a fait la comédie dramatique phénoménale Good bye Lenin, réalisé en 2003.

De nombreux fonds privés allemands s'orientent vers le financement de productions américaines, jugés plus rentables, que d'aider le cinéma national ou européen.
Il ne faut donc pas s'étonner si le cinéma américain règne aujourd'hui en maître sur le marché allemand.

e. Le cinéma en Espagne

Entre 1939 et 1976, le régime franquiste est au pouvoir en Espagne. Extrêmement populaire en cette époque, le cinéma est le sujet de toute son "attention". La production filmique pendant la dictature est en expansion inouïe. La plupart de ces films sont fades, ils représentent une arme idéologique de la dictature. Cependant il en reste des films d'une valeur artistique exceptionnelle et des noms d'auteurs talentueux. Comme par exemple les films Bienvenue Mr. Marshall (1952) de Luis García Berlanga et La Mort d'un cycliste (1955) de Juan Antonio Bardem, les noms de Carlos Saura et Luis Buñuel, le porte-parole du mécontentement espagnole, représentent des références pour le cinéma mondial.

---
[48] Ibidem

Le retour à la démocratie espagnole impose la nouvelle perception du temps figé du passé, la reconstruction de la mémoire historique paralysée, l'exploitation du capital littéraire enfoui dans la clandestinité et l'interdit, l'expression d'une toute nouvelle liberté des mœurs. Brusquement, cette tendance cinématographique naturaliste est rejetée par le public. Cette désaffection du public est aussi due à l'impact grandissant de la télévision, de la vidéo et du cinéma américain.

En réaction à cette vague, une jeune génération de créateurs s'imposera, incarnée au plus haut point par Pedro ALMODOVAR. La comédie, genre difficile où la médiocrité peut être redoutable, abordera des sujets divers. Même les films historiques sont abordés de façon différente, plus intelligente, plus sensible à chacun. Grâce à plusieurs récompenses en 1983 : Ours d'or au festival de Berlin décerné à La Colmena, de Mario Camus ; prix spécial de Cannes pour Carmen, de Carlos Saura ; Oscar du film étranger à Volver a empezar, de José Luis García ; et David de Donatello pour Démons dans le jardin, de Manuel Gutiérrez Aragón, le cinéma espagnol acquiert une reconnaissance internationale[49].

Cette prospérité précaire du cinéma espagnol et sa reconnaissance internationale sont issues de la mise en place en 1982 d'une aide de l'État. Cet aide est une copie du système de subventions instauré en France pour encourager la production de films réalisés par de jeunes cinéastes. Mais, comme dans toute l'Europe, la concurrence de la télévision et des films américains menace l'existence de l'industrie cinématographique espagnole.

---

[49] Instituto de la Cinematografia y de las Artes Audiov

Le cinéma en Espagne

	Longs métrages produits	Ecrans	Entrées (millions)	Indice fréquentation	de Recettes (M€)	Part du film national (%)	Part du film américain (%)	Part du film français (%)	Part du film européen [2] (%)
1994	44	1 930	89,0	2,3	261,8	7,1	72,3	3,2	17,0
1995	59	2 090	94,6	2,4	289,9	11,9	72,1	3,0	14,2
1996	91	2 372	104,2	2,5	332,3	9,3	78,3	2,7	8,9
1997	80	2 565	105,0	2,7	352,8	13,1	68,2	2,6	12,2
1998	65	2 997	112,1	2,9	401,3	11,9	78,5	0,9	19,5
1999	82	3 343	131,3	3,3	495,9	13,9	64,2	3,3	13,1
2000	98	3 500	135,3	3,4	536,3	10,1	82,7	1,6	7,2
2001	106	3 770	146,8	3,7	616,4	17,9	62,2	3,6	10,8
2002	114	4 039	140,7	3,4	625,9	13,7	66,1	3,7	10,2
2003 [1]	n.d.	4 253	136,5	3,3	635,2	15,8	67,3	2,6	n.d.

1. Chiffres provisoires. 2. En termes d'entrées hors film national d'après la base Lumière de l'OEA. Source : CNC d'après Instituto de la Cinematografia y de las Artes Audiov.

Les films espagnols ne représentaient que 13,9% des parts du marché national en 1999 contre 64,2% pour les films américains, en 2003 la part du film espagnole a augmenté à 15,8 contre 67,3 pour les productions hollywoodiennes. Cependant ces statiques montre que les efforts des cinéastes espagnoles et la politique de l'état ne peuvent pas arrêter la contamination hollywoodienne et la maladie du cinéma espagnol.

Les acteurs charismatiques comme Victoria Abril, Antonio Banderas, Pénélope Cruz ou Carmen Maura émanent une aura fascinante à l'étranger, plus précisément à Hollywood, en gardant la bonne image du cinéma espagnol.

Les autres artistes et films espagnols célèbres dans le monde entier sont : Vincente Aranda, avec Amants (1991), et Fernando Trueba, avec Belle Époque qui a remporté 1992 l'Oscar du meilleur film non américain, et l'une des plus originales et plus brèves carrières espagnoles -Victor Erice : L'Esprit de la ruche (1972), Le Sud (1982) et Le Songe de la lumière (1992)[50].

5. Les raisons de la crise du cinéma européen

a. La pluralité des cultures

L'Europe ou les Europes? Cette question est essentielle puisqu'elle exprime la complexité des rapports entre les pays européens et l'Union européenne. En outre elle découvre la riche variété des cultures européennes et les risques que représente pour elles la mondialisation. Le vieux Continent est déchiré entre universalisation et identité, chaque culture est un enjeu pour des luttes variées d'idées, de divergences, de rivalités entre nations. Le pluriel est le principal atout, mais en même temps la principale fragilité de cet espace de diversité face à l'empire de l'uniformisation. La crise du cinéma européen est symptomatique des faiblesses de la construction européenne.

---

[50] Ibidem

Panorama mondial du cinéma 2002

	Union Européenne	Allemagne	Espagne	France	Italie	Royaume Uni	Etats Unis	Japon
Salles ouvertes plus de 60 jours								
Population totale (millions)	378,5	82,4	40,4	59,5	57,8	60,1	288,4	127,5
Nombre de foyers (millions)	158,4	39,6	13,7	24,7	22,5	26,2	112,1	50,6
Production								
Longs métrages (y compris les films de coproduction)	634	84	114	200	130	119	543	293
Exploitation - Distribution								
Ecrans	25 633	4 868	4 039	5 265	3 299[3]	3 248	35 280	2 635
Nombre de films distribués	473[2]	321	567	488	432[4]	369	466	640
Entrées (millions)	936	163,9	140,7	184,2	111,5	175,9	1 639,3	160,8
Indice de fréquentation	2,5	1,8	3,4	3,1	1,9	2,9	5,7	1,3
Entrées moyennes par salle	36 500	33 600	34 800	35 000	33 800	54 100	46 500	61 000
Recettes guichet (millions dans la monnaie locale) [1]	5 325[2]	960,1	625,9	1 027,7	629,4	802,1	9 519,6	196,8
Recettes guichet (M€)	5 325[2]	960,1	625,9	1 027,7	629,4	1 187,2	7 841,5	1 488,1
Part du film national (% des recettes)	28	9,5	13,7	34,8	22,2	8,3	95,6	27,0
Part du film américain (% des recettes)	70	77,3	66,1	50,1	60,2	71,3	95,6	69,4

Vidéo								
Taux de pénétration des foyers TV (%)	86,1	90,6	78,9	92,2	73,8	96,0	89,7	98,8
Câble								
Taux de pénétration des foyers TV (%)	31,4	59,3	6,2	14,9	0,5	13,6	73,1	27,6
Satellite								
Taux de pénétration des foyers TV (%)	24,2	35,3	21,1	20,4	15,2	26,2	23,3	33,6

1. en milliards pour le Japon
2. Estimations
3. Salles ouvertes plus de 60 jours par an
4. Chiffres 2001. Source : CNC d'après FFA, SPIO, ICAA, SIAE, ANICA, UK FILM COUNCIL, CAA, MPAA, IREN, Screendigest, Screen International, Screen Finance, Variety
5.

Le tableau montre que l'Union Européenne qui compte plus d'habitants que les Etats-Unis (378,5 millions contre 288,4 millions) a produit plus de films en 2002 (634) que les Etats-Unis (543), mais la distribution de ses films sur les écrans est de 25 633 contre 35280 écrans pour les Etats-Unis. Donc les recettes des Etats-Unis sont plus élevées que celles de l'Union Européenne. C'est dans cette relation production-disribution que se trouve la clé du succès hollywoodien.

b. Le marché cinématographique segmenté et la multitude des langues

La cinématographie européenne est atomique, dispersée. Des productions fascinantes apparaissent ici ou là, des talents isolés, hétéroclites; mais ils convergent difficilement pour construire une offre digne de compétition. Les quelques exceptions de bons films ne peuvent pas freiner la tendance générale du film européen au morcellement. Le cinéma français fait la seule exception de l'image cinématographique anémique européenne. Cette dégradation représente en elle-même une perte importante de potentiel de création et collabore à la fragilisation de tous les cinémas européens qui ont besoin de partenaires pour élargir la base de leurs ressources et de leurs marchés.

Les frontières et les langues différentes de l'Europe contribuent à la segmentation du marché et surtout au régionalisme réfractaire, le repli sur son identitaire en matière cinématographique. Ce fait nuit gravement à la construction d'une vraie économie d'échelle. Pour résister à l'industrie américaine, les cinémas européens ont besoin de pouvoir s'appuyer sur de solides structures de distribution internationales. L'incapacité du film européen d'instaurer une stratégie de globalisation réside dans ses caractéristiques propres d'un cinéma imprégné de sa réalité nationale et signé d'un auteur d'une grande sensibilité artistique ou d'auto-complaisance, qui renie avec les lois les plus élémentaires de l'œuvre cinématographique. D'ailleurs c'est exactement cette conception du film qui subit la concurrence exacerbée du modèle hollywoodien standartisé-mondialisé.

Les langues et leurs variations représentent un facteur essentiel de création et de consolidation des identités nationales et régionales. Les médias peuvent les promouvoir, les sauvegarder, les revaloriser ou détruire, faire disparaître. La langue anglaise possède une position primordiale qui assure aujourd'hui le succès d'une production cinématographique. Toutes les plus grandes compagnies de production en Europe investissent dans des films tournés en anglais car la logique du marché ainsi que la compétitivité imposent cette langue. Le film-évènement de Luc Besson, Le Cinquième élément, 1997, sert de référence de succès aux producteurs européens.[51] La commercialisation des films européens représente l'un des écueils de l'échec du film en Europe. La tentation de voir le film comme un produit, pimenté selon la recette magique de succès du modèle hollywoodien, sans aucune démarche artistique est néfaste à la culture.

Cette tendance de l'imposition de la langue anglaise sur le Continent européen vient encore une fois de témoigner que l'hégémonie américaine est dangereuse et que le

---

[51] Source : European Film File, 1994

cinéma européen doit tourner son regard vers sa consolidation stratégique.

c. La rivalité de la télévision et de la vidéo.

Le succès de la télévision, apparue en 1935, comme une nouvelle technologie de l'image, reçue directement à domicile, représente une des grandes causes de la crise du septième art en Europe. Dans le siècle de l'aliénation et de l'accélération, l'individu a besoin de calme dans sa maison pour regarder par l'intermédiaire de la télévision, le spectacle du monde et devenir son témoin. Cette prédominance de la télévision provoque au niveau européen l'adaptation de projets aux seuls critères télévisuels, impliquant qu'il faut plaire à tout le monde.

Cette tendance représente une menace de dictature de la part de la télévision (par exemple en Italie). Elle est provoquée par le rôle croissant du financement télévisuel dans les projets cinématographique. Après le choc télévisuel, le cinéma a dû subir celui de la vidéo, marché désormais plus important pour un film, en termes de recettes, que celui des salles. Cette corrélation aux Etats-Unis est différente, les producteurs sont beaucoup moins dépendants des lois de la télévision et de la vidéo.[52]

II. Perspectives pour les cinémas européens.

1. La reconnaissance de la pluralité des cultures européenne.

La grande ambition européenne représente la reconnaissance d'une différence qui puisse exister sans se fonder sur l'antagonisme. La directive 89/552/CEE, directive dite « Télévision sans frontières », modifiée par la directive 97/36/CE constitue le cadre juridique de la politique cinématographique. Elle a été élaborée dans une logique de

---
[52] Serceau Daniel, Entre libéralisme et qualité, le cinéma européen contre la loi du marché, Paris, Hachette, 1999, p.89

création de marché intérieur, afin de permettre la libre circulation des émissions de télévision dans l'Union européenne. Dans le cadre de cette directive, la protection du cinéma européen est assurée par le principe des quotas visant à promouvoir la diffusion (article 4) et la production (article 5) des œuvres européennes. L'engagement de diffuser une certaine proportion d'œuvres indépendantes réalisées par des producteurs indépendants des organismes de radiodiffusion télévisuelle, a été considéré en 1989, comme un encouragement à l'apparition de nouvelles sources de production télévisuelle, notamment la création de petites et moyennes entreprises et de nouveaux débouchés pour le génie créatif, pour les professions culturelles et pour les travailleurs du secteur de la culture. Les films, les émissions de radio et de télévision, les chansons, les livres et les magazines renvoient l'image de ce qu'est l'Europe dans sa diversité. Les industries culturelles façonnent les sociétés, favorisent la compréhension mutuelle et instillent un sentiment de cohésion sociale envers l'identité européenne. Elles jouent donc un rôle essentiel et vital dans les nations et régions européennes.

La première perspective de développement pour le cinéma européen aurait pu être l'investissement dans des super- coproductions européennes. Cette stratégie a deux inconvénients. La coproduction n'a plus les qualités spécifiques d'un film d'auteur européen, mais en même temps elle ne possède pas toutes celles qui font le succès du film hollywoodien. Par conséquent sa position est marquée par la faiblesse et le risque de tomber dans le rang des productions fades, d'*Europudding*, le terme inventé par les Britanniques pour désigner un certain type de coproductions européennes ou les rôles, les décors, l'équipe technique sont répartis en fonction des pays partenaires de la production.

2. La concentration du pouvoir, de l'argent et du public. La fédération d'un réseau de petites firmes.

La principale tendance de la filière cinématographique européenne représente la concentration des pouvoirs de décision, du capital et de l'audience. La crise identitaire et culturelle du septième art en Europe impose le développement et l'optimisation de la coopération avec le pôle télé-vidéo. Cette stratégie est issue du grand affaiblissement de la plus grande partie des cinémas nationaux. Elle doit dépasser la confrontation essentielle cinéma-télévision qui est justifié par exemple dans le cas italien ou la télévision est une des causes du déclin du cinéma italien. Afin de garantir le respect, l'intégrité de l'œuvre cinématographique et le soutien de la puissance publique des pactes de coopération sont indispensables. D'un autre côté pour gagner le public le modèle cinéma-monde s'impose dans le domaine cinématographique européen. Ces stratégies sont néfastes à la diversité culturelle et à la nature même du cinéma.

Pour attirer des investissements, l'industrie cinématographique européenne doit développer le potentiel de l'image et du son. Elle doit accorder une position centrale à la création et stimuler la valorisation d'un cinéma multiple, différent, novateur.

L'alternative européenne à l'avancée des grandes multinationales américaines pourrait être la constitution d'une industrie structurée et performante. Elle nécessite la coopération, la fédération de réseau de firmes, petites entreprises, exigeant une gestion délicate, des complémentarités et des convergences d'intérêt. Ces entreprises seront plus adaptées aux spécificités européennes pour pouvoir garantir la réussite des films européens sur leur propre marché et leur exportation. La fédération dépasse les catégories classiques de la grande et de la petite entreprise. Elle relie les économies grâce au partenariat externe et interne, la différenciation compétitive par le partage des valeurs, et le micro-marketing correspondant à une offre globale.

3. Les programmes européens d'aide au cinéma

Les états européens ne s'intéressent pas pour l'essentiel des films de leurs voisins. Pour cette raison, l'Europe, sous l'influence de la France, mène une politique qui s'exprime par trois initiatives.

Dans le cadre du Conseil de l'Europe, le fonds européen d'aide à la production EURIMAGES a été créé. Les ressources publiques, qui proviennent de chaque pays en fonction de l'importance de leur production cinématographique et audiovisuel, représentent le financement de ce fonds. Par exemple le relativement bon état du cinéma français assure 23% du budget d'EURIMAGES. Depuis sa création en 1988 jusqu'à la fin de l'année 2000, EURIMAGES a soutenu 781 coproductions européennes pour un montant total de près de 212 millions d'euros[53].

Dans le cadre de l'Union Européenne, le programme MEDIA (Mesures d'encouragement pour le développement de l'industrie audiovisuelle), est créé en 1990 en tant que subsides communautaires pour la formation, le développement des projets et la distribution. Le programme MEDIA a constitué une pomme de discorde supplémentaire entre la France et la Grande-Bretagne. La France soutenait énergiquement ce programme et le fonds EURIMAGES d'aide aux coproductions européennes. En raison de l'opposition du Royaume-Uni dans le cadre de la Communauté, ce fonds fut instauré, sous les auspices du Conseil de l'Europe.

Les programmes Média 1 et Média II ont respectivement couverts les périodes 1990-1995 et 1996-2000 et Media plus qui couvre la période 2001-2005. Média-2 n'a pu disposer que de 310 millions d'euros sur 5 ans pour couvrir 15 pays ; ce montant correspond à deux jours du budget annuel de l'Union et enfin Media plus qui a été doté de 400 millions d'euros sur 5 ans[54]. Il poursuit et renouvelle MEDIA I (1991-1995) et MEDIA II (1996-2000), qui depuis dix ans visent à soutenir le développement la distribution et la promotion des œuvres audiovisuelles européennes. MEDIA soutient chaque année le développement de près de 250 œuvres, la distribution de plus de 50 films européens hors de leur pays d'origine, mais aussi des campagnes de promotion ou encore la formation des professionnels. [55]Ce chiffre, même s'il est en augmentation, demeure objectivement modeste pour une politique communautaire de promotion de l'audiovisuel.

Les mécanismes de financement de l'industrie cinématographique européenne, bien que complétés au niveau national par les systèmes d'aide à la production cinématographique dont leur validité devra être réexaminée en 2004, se révèlent insuffisants pour concurrencer avec l'offre hollywoodienne. En outre, la circulation des films à l'intérieur du marché intérieur est loin d'être effective.

---

[53] Source : L''Observatoire européen de l'Audiovisuel, 2002

[54] Ibidem
[55] Ibidem

L'association Europa-Cinéma a été créée en 1992, dans le cadre du programme Media. Son but est d'aider la diffusion des films européens grâce à des encouragements financiers aux salles qui font partie de ce réseau. Ces salles se sont engagées à consacrer au moins 50% de leurs séances à des films européens, avec une majorité de films non nationaux. L'objectif de cette association est de mieux faire connaître les cinémas des pays vois.

Ces deux logiques, industrielle et artistique, soulignent la nature paradoxale du cinéma en tant qu'œuvre artistique et produit industriel, elles sont antagonistes. Pourtant elles sont susceptibles de se dynamiser mutuellement. Par conséquent elles pourraient constituer les assises d'une revitalisation des cinémas européens.

CONCLUSION

Autrefois, l'essor culturel dépendait de la croissance économique d'un pays. Le développement culturel était bénéficiaire du mécénat des entrepreneurs aisés, qui redistribuaient leur avoir à des peintres, musiciens, écrivains, bref à des artistes. Par conséquent la floraison culturelle était intrinsèquement liée à l'essor industriel, au développement économique, à l'accumulation de capital. Plus un pays était économiquement développé, plus sa culture prospérait.

Aujourd'hui cette dépendance est inversée. La culture devient source d'enrichissement et de développement économique. La culture cinématographique représente un produit qui se vend et dont le prix augmente ou baisse en fonction du public. Elle est une marchandise.

Le film donc est un produit qui se consomme sans perdre sa substance matérielle et sa signification économique. Le spectateur-le consommateur va en salle de projection et il paye sa consommation en payant son billet d'entrée. Pour ce service, il a le droit de s'asseoir, de voir et écouter. Cependant, le consommateur ne peut jamais entrer en possession matérielle de l'objet-film, du film-produit ou bien de sa copie. Cette consommation est immatérielle, virtuelle. La nature immatérielle du film provoque la rapide saturation du public et par conséquent du marché national. Le problème de trouver de nouveaux consommateurs pour les produits de la marque « Rêve hollywoodien » et de les vendre se pose devant les Américains d'une manière aiguisée. Cela explique la lutte acharnée des Etats-Unis pour la possession de nouveaux marchés et la marche triomphale de Hollywood sur les écrans européens.

Le film européen pourquoi est-il en crise ?

Le cinéma, comme les autres arts participe dans la vie humaine, sociale. Il exprime les mouvements d'idées des différentes époques. Le septième art n'a jamais été aussi dynamique et créateur que lorsqu'il a pu participer aux bouleversements historiques de l'entre-deux-guerres et des années quarante-cinq à soixante-dix.

La crise du cinéma européen est le reflet de la crise de la pensée européenne : elle ne peut pas être résolue en soi. Elle a besoin de solides projets politiques et culturels. Certains sont en germe dans la politique de l'Union européenne. D'autres émanent du renforcement des structures existantes de l'ouverture vers le monde extérieur, de l'encouragement de la distribution de films étrangers pas seulement européens, mais aussi africains, sud-américains, asiatiques. Ici, on peut chercher la confrontation des idées et des sensibilités qui peuvent guérir la maladie du cinéma européen face au modèle hollywoodien. Mais pas dans la perspective de domination du marché, le cinéma européen ne doit pas poursuivre cette course vertigineuse de concurrence exacerbée et de conquête de marché avec les Etats-Unis. Il doit élever comme drapeau de paix l'échange culturel et la réciprocité.

L'Europe ou bien les Europes ont un atout inné que les Etats-Unis ne veulent pas montrer ou bien ils ne le possèdent pas : la pluralité des cultures. L'affirmation de cette multiplicité historique au- delà des frontières du Vieux Continent représente une richesse pour les cultures de la planète, une vraie alternative du modèle hollywoodien.

BIBLIOGRAPHIE

BORDWEL (David), STAIGER (Janet), THOMPSON (Kristin), The classical Hollywood Cinema, Film Style and Mode of Production to 1960, New York, Columbia University Press, 1985

BERTIN-MAGHIT Jean-Pierre, textes de Frédérique BERTHET, Les cinémas européens des années cinquante, Paris : AFRHC Association française de recherche sur l'histoire du cinéma, 2000

BLUM Roland, Rapport d'Information, sur les forces et les faiblesses du cinéma français sur le marché international, Paris, Assemblée nationale le 26 juin 2001

LES CAHIERS DU CINEMA, revue mensuelle du cinéma Paris : Ed. de l'Etoile : [puis] Cahiers du cinéma A pour suppl.: Cahiers du cinéma. Hors série

CANUDO, Ricciotto (1911), «Le manifeste des 7 arts», Paris

Commission II : « La promotion du cinéma européen »

CLOUZOT Claire Le cinéma français depuis la nouvelle vague / Paris : F. Nathan - Alliance française, 1972

DEVRIER Jerome: L'Invention du cinema, T h e à c t o r S t u d i o . c o m

FAURE Elie : Fonction du cinéma, Paris, Plon, 1953, p.38

FRIEDMANN Georges et Morin Edgar : Sociologie du Cinema, Paris, Revue Internationale de filmologie, Tome III, n: 10, avril-juin 1952, p.95

GASSOT Charles, Positif, N : 483, mai 2001

GILLI Jean, Positif, Paris, janvier 2001

MORIN Edgar, Penser l'Europe, Paris, Gallimard, 1987

LAGNY Michele, Ropars Marie- Claire, Sorlin Pierre, Générique des années 30, Paris, Presses universitaire

LAPIERRE Marcel : Anthologie du cinéma, Paris, La nouvelle Edition, 1946, p.13

LOUIS Théodore et PIGEON Jean, Le cinéma américain d'aujourd'hui / [Paris] : Seghers, 1975

MILLER RICHARD, Ministre des Arts et des Lettres et de l'Audiovisuel de la Communauté française, XVème Assemblée Régionale Europe
Bruxelles, les 18 et 19 novembre 2002

MOULLEC Gaël : L'Europe face au cinéma américain, Synthèse N : 58, Paris, Septembre 2002, p. 63

PARIS Thomas, «Quelle diversité face à Hollywood ? », CinémAction, Paris, 2002 Source CNC 2000

PUTTNAM David, The undeclared war : the struggle for control of the word's Film Industry, Harper Collins, 1997, p.127

QUESNOY : Le Cinéma (Cahier spécial), Paris, Le Rouge et le Noir éditeur, Juillet 1928, p.103

QUIGLEY Martin Jr.: Magic Shadows, the Story of the Origins of the Motion Pictures, Washington D.C., Georgestown University Press, 1946

SADOUL Georges: Histoire du cinema mondial, Paris, Flammarion, 1976, 9e ed., p. 727

SOJCHER Frédéric, directeur scientifique de l'ouvrage : Cinéma, Audiovisuel, Nouveaux médias ; La convergence : un enjeu européen ?, Paris, l'Harmattan, 2001, p.79

SOJCHER Frédéric Cinéma européen et identités culturelles / dir. par Bruxelles : Ed. de l'Université de Bruxelles, 1996

SERCEAU Daniel, Entre libéralisme et qualité, le cinéma européen contre la loi du marché, Paris, 1999

Ouvrages de référence :

CNC, Statistiques 1997, 2001 et 2004
EUROPEAN Film File, 1994
FUZELLIER Etienne, Dictionnaire des oeuvres et des thèmes du cinéma mondial, Paris, 1999
INA, 1995
INSTITUTO de la Cinematografia y de las Artes Audiov
OBSERVATOIRE européen de l'Audiovisuel, 2002
SPITZENORGANISATION der Filmwirtschaft, 1990
UNIFRANCE 2000
Webencyclo.fr

ANNEXES

A / ANNEXE 1

Coût moyen des films d'initiative française

	Coût moyen MF courants
1991	23,7
1992	25,9
1993	22,5
1994	26,1
1995	28,1
1996	24,3
1997	31,3
1998	28,6
1999	25,6
2000	30,7

Source : CNC

B / ANNEXE 2

Source : CNC-www.cnc.fr

le lundi 17 mars 2003

Contact presse

CNC

Caroline Cesbron

CNC - Direction générale

Chargée des relations presse

Film agréé, film d'initiative française, film d'expression francophone, film européen ...

La question de la qualification du film d'Alain Corneau " stupeurs et tremblements " ayant suscité un certain nombre de commentaires, le CNC tient à apporter les précisions suivantes :

1. L'obtention de l'agrément, donnant droit aux aides automatiques gérées par le CNC, est assujetti au respect de critères objectifs examinés par la Commission d'agrément des films de longs métrages, présidée par la productrice Margaret Menegoz : nationalité européenne des collaborateurs du film (réalisateur, techniciens premiers et seconds rôles) financement majoritairement européen, fixés par un barème de 18 points. 14 points sont requis pour que le film soit agréé.

Un second barème de 100 points détermine ensuite, en fonction des dépenses effectuées en France et de la langue de tournage du film, l'importance des subventions dont le producteur du film pourra bénéficier.

Les films réalisés intégralement ou principalement en langue française bénéficient à ce titre de 20 points supplémentaires, et ont aussi accès a des aides sélectives comme l'avance sur recettes, les aides au développement ou les aides à l'écriture, réservées aux seuls films de langue française. Par ailleurs la qualification de film d'expression originale française est attribuée par le Conseil supérieur de l'audiovisuel (après avis du directeur général du CNC, pour les œuvres qui ont bénéficié du soutien financier de l'Etat), dans la cadre du contrôle du respect de leurs obligations légales et réglementaires par les chaînes de télévision (quotas de diffusion d'œuvres francophones, contribution annuelle des diffuseurs à la production cinématographique)

2. A cet égard, Stupeur et tremblements, d'Alain Corneau, a été bien entendu reconnu comme un film agréé, d'initiative française à 100% (cf. liste des films agréés 2002 et publiée par le CNC), ce qui lui ouvre les droits au soutien automatique gérés par le CNC. Les textes prévoyant un "bonus" pour les films réunissant plus de 70 points (soit, en l'occurrence pour ce film, 76 points), Stupeur et tremblements bénéficiera de 88 % de retour en taux de soutien automatique.

3. Néanmoins, en raison d'une utilisation majoritaire de la langue japonaise dans le film, la Commission n'a pas pu reconnaître cette œuvre comme étant d'expression originale française, lors de la délivrance de son agrément des investissements le 30/08/2002, et a confirmé sa position récemment au vu du dossier d'agrément de production définitif, après vérification de la langue de tournage.

4. Il convient de rappeler que d'autres films récents (Trouble everyday de Claire Denis, Intimité de Patrice Chéreau ...) tournés dans une autre langue que le français n'ont pas bénéficié de cette qualification d'œuvre d'expression originale française.

5. Ce critère linguistique, destiné à promouvoir la production et la diffusion d'œuvres tournées en langue française, est totalement indépendant de la nationalité de l'œuvre et bien entendu de la qualité artistique et cinématographique de l'œuvre et n'enlève rien au talent de ceux qui y ont participé.

Oui, je veux morebooks!

i want morebooks!

Buy your books fast and straightforward online - at one of world's fastest growing online book stores! Environmentally sound due to Print-on-Demand technologies.

Buy your books online at

www.get-morebooks.com

Achetez vos livres en ligne, vite et bien, sur l'une des librairies en ligne les plus performantes au monde!
En protégeant nos ressources et notre environnement grâce à l'impression à la demande.

La librairie en ligne pour acheter plus vite

www.morebooks.fr

 VDM Verlagsservicegesellschaft mbH
Heinrich-Böcking-Str. 6-8   Telefon: +49 681 3720 174   info@vdm-vsg.de
D - 66121 Saarbrücken   Telefax: +49 681 3720 1749 www.vdm-vsg.de

www.ingramcontent.com/pod-product-compliance
Lightning Source LLC
Chambersburg PA
CBHW021848220426
43663CB00005B/449